Königs Erläuterungen und Materialien
Band 457

Erläuterungen zu

Christian Kracht
Faserland

von Magret Möckel

Bange Verlag

Über die Autorin dieser Erläuterung:

Magret Möckel, geboren 1952 in Lindau an der Schlei (Schleswig-Holstein), Studium der Germanistik und Anglistik an der Universität in Hamburg. Seit 1979 Lehrerin für Deutsch und Englisch, erst an einem Gymnasium in Vechta, dann in Friesoythe, seit 2003 an der Graf-Anton-Günther-Schule in Oldenburg. Ihr Unterrichtsschwerpunkt liegt auf dem Deutschunterricht in der Oberstufe. Sie leitet die Fachgruppe Deutsch an ihrer Schule. Neben dem Unterricht wirkt sich die Beschäftigung insbesondere mit zeitgenössischer Literatur in der Leitung und Durchführung literarischer Zirkel und Gesprächsabende sowie Vortägen aus. Frau Möckel ist verheiratet und hat zwei Kinder.

1. Auflage 2007
ISBN: 978-3-8044-1859-2

Lektorat: Oliver Pfohlmann und Hannelore Piehler
Titelabbildung: Christian Kracht © ddp Deutscher Depeschendienst GmbH
Druck und Weiterverarbeitung: Tiskárna Akcent, Vimperk

Vorwort

Bei Sichtung der in den neunziger Jahren boomenden Popliteratur sticht der Roman von Christian Kracht durch seine atmosphärische Dichte und die Vielfältigkeit der thematischen Ansatzpunkte hervor. *Faserland* ist jedoch nicht nur ein Text, der als Gründungsdokument der Gattung Popliteratur in Deutschland seinen Platz findet. Er kann auch als Ausgang für eine Diagnose und Reflexion der Gegenwart genommen werden.
Als Beispiel für zeitgenössische Literatur eignet sich der Roman daher für die private Lektüre ebenso wie für die Verwendung im Deutschunterricht der Oberstufe. Er dient in diesem Sinne der Öffnung des Kanons für die Literatur der Gegenwart. Die Forderung nach einer solchen Öffnung wird zu Recht immer wieder erhoben.[1] Der Einsatz zeitgenössischer Literatur kann die Lesemotivation wecken und Identifikationsprozesse beim Leser in Gang setzen. Die Untersuchung der Textgestaltung und Sprache aktueller Werke kann eine neue schülerzentrierte Modellierung des Literaturunterrichts zur Folge haben. Kurz: Die sinnvolle Dosierung und Abwechslung klassischer und aktueller Lektüre wirkt sich motivierend und förderlich auf den Unterricht aus.
Christian Kracht führt durch seinen Erzähler konsequent und eindringlich Probleme unserer Zeit vor Augen. „Es sind die Leitmotive einer simplifiziert dargestellten Erlebnisgesellschaft, die hier begegnen: Urlaub machen, Alkohol konsumieren, Geld ausgeben, politisches Desinteresse, Melancholie und Reflexionsmüdigkeit."[2] Und „selbst wenn Krachts Roman für die heranwachsende Generation (...) keine Identifikationsmo-

1 Vgl. dazu die Aufsätze von Bekes, Paul, Wilczek und Mein in Bekes (Hrsg.) sowie Kemmler und Ingendahl.

2 Wilczek, S. 218.

delle mehr anbietet, so eignet er sich doch hervorragend als Folie für Abgrenzungs- und Differenzierungsversuche in sozial-, mentalitätsgeschichtlicher und ästhetischer Hinsicht."[3] Die genaue Auseinandersetzung mit *Faserland* zeigt überdies, wie konsequent und überzeugend die thematischen Schwerpunkte auch sprachlich vermittelt werden: Schon die erste Seite enthält in nuce den Roman. Als Textgrundlage dient die 2007 bei dtv erschienene Neuausgabe.[4]

Danken möchte ich Martina Robbert, die durch ihre ausgezeichnete Examensarbeit wertvolle Anregungen geliefert hat.

Magret Möckel

3 Ebd.
4 Kracht, Christian: *Faserland*. München: dtv, 2007.

1. Christian Kracht: Leben und Werk

1.1 Biografie

Jahr	Ort	Ereignis	Alter
1966	Gstaad, Schweiz	Geburt am 29. Dezember als Sohn wohlhabender Eltern. Der Vater ist Generalbevollmächtigter des Zeitungsverlegers Axel Springer.	
1978	Ontario, Kanada	Besuch der Lakefield College School.	12
1985	Salem, Bodensee	Abitur im Elite-Internat Schloss Salem.	19
1990	Hamburg	Volontariat bei der Zeitschrift *Tempo.* Beiträge für die *B. Z.* Freundschaft mit Eckhart Nickel.	24
1993	Somalia	Für eine Reportage über obdachlose Jugendliche erhält Kracht den Axel-Springer-Preis. Aufenthalt in Somalia.	27
1995		Der Roman *Faserland* erscheint.	29
1997	Indien	Kracht wird für das Nachrichtenmagazin *Der Spiegel* Südasien-Korrespondent.	31

Jahr	Ort	Ereignis	Alter
1998	Bangkok, Thailand	Wohnung in Bangkok, von dort aus bereist Kracht Asien. Erscheinen des Reisebreviers *Ferien für immer* (zusammen mit Eckhart Nickel). Kracht wird Kolumnist für *Welt am Sonntag.*	32
1999		Die von Kracht herausgegebene Anthologie mit Pop-Texten *Mesopotamia* erscheint sowie *Der gelbe Bleistift*, eine Sammlung von Krachts Asien-Essays. Freundschaft mit Ingo Niermann. Werbekampagne für die Bekleidungskette Peek & Cloppenburg (mit dem Pop-Autor Benjamin v. Stuckrad-Barre).	33
2001	Galle, Sri Lanka	Der Roman *1979* erscheint. Übersiedlung nach Sri Lanka.	35
2004	Nordkorea, Kathmandu (Nepal) und San Francisco	Studienaufenthalt in Nordkorea. Kracht gibt zusammen mit Eckhart Nickel die Kulturzeitschrift *Der Freund* heraus. Ausgedehnte Expeditionen im Himalaja.	38
2005	Afghanistan, Paraguay	Die Hörbuchversion von Yasushi Inoues *Das Jagdgewehr*, bei der Kracht einer der Sprecher ist, erscheint. Das Theaterstück *1979* wird vom Schauspielhaus Zürich aufgeführt.	39

Jahr	Ort	Ereignis	Alter
2006	Tansania, Afrika	Zusammen mit Ingo Niermann besteigt Kracht den Kilimandscharo. Gemeinsame Arbeit am Roman *Metan. Die totale Erinnerung – Kim Jong Ils Nordkorea* erscheint, ebenso das Kompendium *New Wave.* Tätigkeit als Kolumnist der *Frankfurter Allgemeinen Zeitung* (Titel *Brief aus …;* im Wechsel mit Nicole Krauss und Jenny Erpenbeck).	40
2007	Buenos Aires, Argentinien	Erscheinen des Romans *Metan* (zus. mit Ingo Niermann). Die von Kracht gelesene Hörbuchversion von Truman Capotes *Frühstück bei Tiffany* erscheint. Übersiedlung nach Argentinien. Mitarbeit am Projekt „Die Große Pyramide" in Ostdeutschland.[5] Zusammenarbeit mit den Künstlern Andreas Gursky und Elmgreen & Dragset.	41

5 Informationen zu dem Projekt gibt es im Internet unter www.thegreatpyramid.org [Stand: Juni 2007].

1.2 Zeitgeschichtlicher Hintergrund

Christian Kracht schrieb den Roman *Faserland* in der ersten Hälfte der neunziger Jahre, also nach dem Mauerfall und dem Ende des Kalten Krieges, in einer Zeit der wachsenden Globalisierung und Marktorientierung, der sozialen Umbrüche und der Suche nach neuen Werten. Nach Klaus-Michael Bogdal haben heute Milieus die sozialen Schichten und Klassen früherer Epochen abgelöst. Diese Milieus sind jeweils durch Lebensstile, Codes (also eigene Regel- und Zeichensysteme, die Zugehörigkeit signalisieren), Besitz (als Statussymbol oder Konsumgut), aber auch durch bestimmte ästhetische Neigungen gekennzeichnet. Den Schlüssel für die Literatur der neunziger Jahre sieht Bogdal „nicht in den Ereignissen um 1989, sondern in den siebziger Jahren", in denen die „ersten bemerkenswerten Kult-Bücher der sich allmählich differenzierenden Milieus"[6] erschienen. In dieser Zeit begann auch in Deutschland die Diskussion um („hohe", „ernste") E- und („niedrige", populäre) U-Kultur.

1990er Jahre: Zeit des Umbruchs

Christian Kracht gehört zu diesen Kult-Autoren, die – wie etwa Literaturlandkarten im Internet zeigen[7] – von bestimmten Lesergruppen bevorzugt bzw. von ähnlichen oder benachbarten Milieus wahrgenommen werden. Die deutschsprachige Popliteratur hatte in der Mitte der neunziger Jahre ihre Blütezeit. Die entsprechenden Texte von Benjamin von Stuckrad-Barre (geb. 1975), Alexa Hennig von Lange (geb. 1973), Benjamin Lebert (geb. 1982) u. a. wurden zu Bestsellern. Vor allem das junge Publikum schätzte die neue Popliteratur wegen ihrer Unbekümmertheit, ihrem umgangssprachlichen oder schnoddrigen Stil und der Darstellung von alternativen Lebensformen und

6 Bogdal, S. 15.
7 Vgl. www.literature-map.com/christian+kracht.html [Stand: März 2007].

Ansichten, die sich gegen ein Establishment wie die (Eltern-)Generation der 68er oder das Bürgertum richteten. Dazu kam die hohe identifikatorische Wirkung der Texte durch die Einbeziehung von dem Leser bestens vertrauten Musiktiteln und Markennamen. Den Verlagen bescherten diese Werke nach einer Zeit der Desorientierung und Flaute auf dem deutschsprachigen Literaturmarkt einen neuen literarischen Boom.[8] Zuvor war das Interesse an deutschsprachiger Gegenwartsliteratur deutlich zurückgegangen, das Publikum hatte immer öfter Übersetzungen von Romanen amerikanischer oder englischer Autoren bevorzugt, da diese eine alternative Form gehobener Unterhaltung jenseits der in Deutschland dominanten Unterscheidung von U- und E-Literatur boten. In den neunziger Jahren setzte sich daher zunehmend – u. a. angeregt durch Uwe Wittstock, dem damaligen Lektor des S. Fischer Verlags – eine andere Sichtweise im Literaturbetrieb durch. Unterhaltsamkeit und Bestsellerstatus wurden nicht mehr nur kritisch gesehen, sondern das Nebeneinander von unterhaltenden und anspruchsvollen Texten, von U- und E-Literatur wurde ausdrücklich zugelassen.

lange Geschichte der Popliteratur

Popliteratur blickt auf eine lange Geschichte zurück. Schon die Dada-Bewegung zu Beginn des 20. Jahrhunderts verstand sich als Protest gegen festgefahrene künstlerische Maßstäbe und entwickelte neue, zunächst skandalös erscheinende Formen der Literatur und Kunst. „Mit ihrer ästhetischen Radikalität, dem spielerischen Umgang mit Banalitäten des Alltags und ihren neuen Aktionsformen stießen die Dadaisten erst die Türen auf zu den Straßen, auf denen sich die Popliteratur später abspielte."[9] Der amerikanische Medientheoretiker Leslie Fiedler

8 Eine Dokumentation der literarischen Debatte findet sich in Köhler; Moritz (Hrsg.).

9 Ernst, S. 11. Dadaistische Künstler montierten in ihre Werke beispielsweise alte Fahrkarten, Korken oder Zeitungsausschnitte, erklärten also den Abfall der Zivilisation für kunstwürdig.

forderte 1968 in seinem berühmten Aufsatz *Cross the border, close the gap*[10] die Aufhebung der strikten Trennung zwischen unterhaltender und ernster Kunst und führte den Begriff Pop (= populär bzw. Pop, Knall, Zusammenstoß) ein. In Deutschland waren es v. a. die Autoren Rolf Dieter Brinkmann und Dieter Wellershoff, die Fiedlers Überlegungen für die Literatur übernahmen, sie mit der Realismus-Debatte der sechziger Jahre verbanden und so die Pop-Tradition fortsetzten. Schließlich fanden auch im deutschsprachigen Raum die Ansätze der Beat-Generation, der Pop-Art in der Kunst und der amerikanischen Underground-Szene ihre Nachfolger. Dabei ging allerdings in den neunziger Jahren das ursprünglich Rebellische, Experimentelle und Subversive dieser Literaturströmung tendenziell verloren. Die neue Popliteratur orientierte sich zwar noch an extremen Vorbildern wie dem amerikanischen Skandalautor Bret Easton Ellis (berüchtigt für seine Darstellungen exzessiver Gewalt), schrieb aber für ein junges Massenpublikum, bei dem sie rasch Kultstatus erlangte. Die neue Popliteratur war somit eher populär als widerständisch; sie wurde zu einem Teil des Mainstreams. Bezeichnend war, dass die Texte, in denen Alltag, Kinoästhetik, Medienkultur, Musik und Mode eine große Rolle spielten, auch in Verlagen erschienen, die bislang der hochstehenden literarischen Kunst vorbehalten waren (z. B. Kiepenheuer & Witsch, Suhrkamp).[11]

richtungsweisendes Debüt von Kracht

Christian Kracht gilt mit seinem Debütroman *Faserland* (1995) als richtungsweisend für die Popliteratur im deutschsprachigen Raum. Die geteilte Reaktion auf seinen Roman zeigt, wie unterschiedlich *Faserland* bei seinem Erschei-

10 Eine deutsche Übersetzung von Fiedlers Aufsatz findet sich in: Wittstock, *Roman oder Leben*, S. 14–39.

11 Vgl. zur Geschichte der Popliteratur seit 1964 auch den jüngst von Kerstin Gleba und Eckhard Schumacher herausgegebenen Reader.

nen gelesen wurde. Die neben all dem Markenfetischismus ebenfalls enthaltenen kritischen Signale wurden von der Kritik dabei durchaus wahrgenommen.[12] Ende der neunziger Jahre war die Popliteratur dann so erfolgreich, dass dem Erfolgslabel inflationär alles zugeordnet wurde, was flott, jung, hipp, einfach und leicht vermarktbar war. Daher ist es schwer, allen Ausprägungsformen dieser Literaturströmung einen „definitorisch allgemeingültigen Merkmalskatalog"[13] zuzuordnen. Auch für Krachts literarische Entwicklung gilt, dass „eine einheitliche Lesart der eigentümlichen Mischung aus Pop, Ästhetizismus und Terror, die Krachts gegenwärtige Prosa prägt, (...) noch zu entwickeln"[14] ist. Seine Texte sind bislang in 13 Sprachen übersetzt. Kracht selbst schätzt seine Werke selbstironisch als leichte Unterhaltung ein: „Das höchste Erreichbare in der Kultur ist nach der Architektur die Komödie. (...) Ich begreife meine Werke humoristisch"[15].

Richtungsweisende angelsächsische Werke für die Popliteratur in Deutschland (alphabetisch nach Autorennamen geordnet):

- Bret Easton Ellis, *Less than Zero* (1985, deutsch *Unter Null*); *American Psycho* (1991, deutsch *American Psycho*)
- Nick Hornby, *High Fidelity* (1995, deutsch *High Fidelity*)
- Jack Kerouac, *On the Road* (1957, deutsch *Unterwegs*)
- Chuck Klostermann, *Killing yourself to Life: 85% of a True Story* (2006, deutsch *Eine zu 85 % wahre Geschichte*)
- J. D. Salinger, *The Catcher in the Rye* (1951, deutsch *Der Fänger im Roggen*)

12 Vgl. hierzu Baßler, *Der deutsche Pop-Roman*, S. 110 ff.
13 Jung, *Vom Pop international zur Tristesse Royale*, S. 39.
14 Baßler, *Christian Kracht*, S. 726.
15 Arnet.

Weitere Texte und Autoren der Popliteratur im deutschsprachigen Raum[16]:

- Sibylle Berg, *Ein paar Leute suchen das Glück und lachen sich tot* (1997)
- Marcel Beyer, *Flughunde* (1995)
- Thomas Brussig, *Helden wie wir* (1995), *Am kürzeren Ende der Sonnenallee* (1999)
- Karin Duwe, *Regenroman* (1999)
- Frank Goosen, *Liegen lernen* (2001)
- Alexa Hennig von Lange, *Relax* (1997)
- Florian Illies, *Generation Golf* (2000)
- Wladimir Kaminer, *Russendisko* (2000)
- Benjamin Lebert, *Crazy* (2001)
- Joachim Lottmann, *Deutsche Einheit* (1999)
- Eckhart Nickel, *Was halte ich davon* (2000)
- Sven Regener, *Herr Lehmann* (2001)
- Jens Sparschuh, *Der Zimmerspringbrunnen* (1995)
- Benjamin v. Stuckrad-Barre, *Soloalbum* (1998), *Livealbum* (1999)

16 Eine ausführliche Liste findet sich in Jung, *Alles nur Pop?*, S. 233–237.

1.3 Angaben und Erläuterungen zu wesentlichen Werken

Ferien für immer. Die angenehmsten Orte der Welt **(1998)**
Ein zusammen mit Eckhart Nickel geschriebener unkonventioneller literarischer Reiseführer; Empfehlungen von Bars und Hotels für Weltenbummler.

Mesopotamia. Ein Avant-Pop-Reader **(1999)**
Eine von Kracht herausgegebene Anthologie von Pop-Texten, u. a. von Benjamin v. Stuckrad-Barre, Rainald Goetz, Moritz v. Uslar. Kurzgeschichten zum Lauf der Welt.

Tristesse Royale **(1999)**
Gespräche von Christian Kracht, Joachim Bessing, Eckhart Nickel, Alexander v. Schönburg und Benjamin v. Stuckrad-Barre, geführt im Berliner First-Class-Hotel *Adlon*.

Der gelbe Bleistift **(2000)**
Essay-Sammlung, Zusammenstellung von Krachts Reiseberichten aus Asien, die zuerst in der *Welt am Sonntag* erschienen.

1979 **(2001)**
Roman. Der homosexuelle Ich-Erzähler, ein Innenarchitekt, reist mit seinem Freund nach Persien und besucht dort dekadente Partys. Der Freund kommt in den Wirren der Revolution um, und ein obskurer Agent schickt den unbedarften Protagonisten auf eine Pilgerreise zu einem heiligen Berg in Tibet. Da dies im kommunistischen China verboten ist, wird er verhaftet und in einem Straflager einer Umerziehung unterworfen. Aspekte des Romans sind Dekadenz, Selbsterfahrung, Unterwer-

fung unter ein grausames Regime, Pop (Marken, Musik und Mode), islamische Kultur, Kunst, Hollywoodfilme.

Die totale Erinnerung (2006)
Bildband mit einem Text von Christian Kracht. Nordkorea wird als Land der großen politischen Inszenierung dargestellt, das Touristen und Journalisten Lügen und inszenierte Situationen darbietet; das tatsächliche Leid der Bevölkerung wird vertuscht bzw. ignoriert.

New Wave. Ein Kompendium 1999–2006 (2006)
Gesammelte kürzere Texte Krachts, Reisereportagen, Erzählungen, Filmtreatment usw.

Metan (2007)
Roman, zusammen mit Ingo Niermann. Nach der Besteigung des Kilimandscharo und einer Begegnung mit fremden Lebensformen wird eine Verstrickung kosmischen Ausmaßes aufgedeckt. Das bislang unbekannte Machtsystem macht eine Neuschreibung der Menschheitsgeschichte notwendig. Der Klappentext vergleicht diesen Science-Fiction-Roman u. a. mit der Illuminaten-Trilogie von Robert A. Wilson und Robert Shea.

2. Textanalyse und -interpretation

2.1 Entstehung und Quellen

autobiografische Elemente

In Rezensionen und Sekundärliteratur wird häufig das Autobiografische des Romans betont. Das bezieht sich z. B. auf die Reiseerfahrungen des Protagonisten, die Herkunft aus einem begüterten Elternhaus, die finanzielle Unabhängigkeit sowie den Besuch des Internates Schloss Salem. Zugleich muss aber gesagt werden, dass die Angaben zur Kindheit und Jugend des Ich-Erzählers ungenau und dürftig sind, sodass exakte Übereinstimmungen mit der Biografie des Autors nicht festgestellt werden können und wohl auch nicht intendiert sind. Interessant ist dagegen, dass der Ich-Erzähler Deutscher ist, im Gegensatz zum Autor (Schweizer), und dass die Romanfigur am Schluss des Geschehens Deutschland verlässt und in die Schweiz geht. Wenn im Text gesagt wird, dass sich der Erzähler mit den Gepflogenheiten in der Schweiz nicht auskennt (vgl. S. 153), wird offenbar Wert darauf gelegt, dass Autor und Erzähler nicht verwechselt werden.

Krachts literarische Einflüsse sind unübersehbar die amerikanische und zeitgenössische Popliteratur. Als wichtiges Vorbild gilt der US-Autor Bret Easton Ellis mit seinen Romanen *Less than Zero* und *American Psycho*. Dabei sind weniger die tabubrechenden Darstellungen extremer Gewalt und sadistischer Sexualität Ellies' (v. a. in *American Psycho*) relevant als vielmehr der Markenfetischismus, den Ellis' Protagonisten (meist reiche Studenten oder Wall Street-Broker) an den Tag legen.

Was die Gattung betrifft, so handelt es sich bei *Faserland* zunächst um einen Roman, der sich jedoch noch genauer bestimmen lässt. Krachts Buch ist zum einen ein Reiseroman, da sein Inhalt von den Reisen des Protagonisten von Nord- nach Süddeutschland und darüber hinaus bestimmt wird, und zum anderen ein Anti-Entwicklungsroman (vgl. Kapitel 2.7). Die erzählende Instanz lässt sich dem Typus des unzuverlässigen Erzählers zuordnen: Dafür spricht sein permanenter, die Wahrnehmung beeinflussender Alkoholkonsum ebenso wie Situationen, in denen dem Leser (als außenstehendem Beobachter) deutlich wird, dass sich der Erzähler offensichtlich etwas vormacht (z. B. jene Situationen, in denen er von ‚Freunden' nicht erkannt wird, vgl. Kapitel 2.4).

2.2 Inhaltsangabe

EINS

Der Roman beginnt unvermittelt auf Sylt. Der namenlose Ich-Erzähler isst und trinkt bei Fisch-Gosch, der nördlichsten Fischbude Deutschlands. Dort hat er zufällig eine Bekannte wiedergetroffen, Karin. Beide fahren mit Karins Mercedes nach Kampen, holen aber unterwegs noch zwei weitere Bekannte ab, Sergio und Anne, die am Strand sitzen. Der Erzähler teilt Karin mit, dass dies sein letzter Abend auf Sylt ist. Der Abend endet in einer Bar namens Odin; es wird viel getrunken. Anschließend fahren Karin und der Protagonist zu einem Café namens Kupferkanne. Dort sitzen die beiden auf einem Hügel mit Blick aufs Wattenmeer und trinken Champagner. Es kommt zu Küssen. Karin schlägt vor, sich am folgenden Abend wieder zu treffen. Darauf reagiert der Erzähler verärgert, da er Karin gesagt hat, dass dies sein letzter Abend auf der Insel sei. Karin lässt ihn abrupt allein und der Erzähler beschließt, nie wieder nach Sylt zu fahren.

Beginn auf Sylt

ZWEI

Am nächsten Abend nimmt der Erzähler den Zug nach Hamburg. Während der Fahrt konsumiert er im Speisewagen fünf kleine Flaschen Wein. Ein Mann mit einem Bärtchen setzt sich zu ihm an den Tisch und bestellt Bockwürste. Der inzwischen betrunkene Erzähler sucht mit der letzten Flasche Wein die Toilette auf, trinkt und raucht dort und schläft auf dem Toilettensitz ein. Als er aufwacht, hält der Zug gerade in Hamburg. Ein Taxi bringt ihn zur Wohnung seines Freundes

bei Nigel in Hamburg

Nigel in Hamburg-Pöseldorf. Nigel ist sehr wohlhabend, unkonventionell und in Sachen Kleidung nachlässig. Als ihm Nigel etwas erzählt, kann der Erzähler nicht zuhören, weil ihn der Geruch von Bohnerwachs im Treppenhaus an seine erste große Liebe, Sarah, erinnert; der Besuch bei ihren Eltern endete seinerzeit mit einem Desaster, weil er sich betrank und sich nachts im Bett entleeren musste. Dem Erzähler fällt auf, dass Nigels Wohnung recht heruntergekommen aussieht; überall hängen Fotokopien an den Wänden, es sieht aus wie bei einem alten Lehrer, findet der Erzähler. Er und Nigel ziehen sich für die Party um; der Erzähler kommt zu dem Schluss, dass Nigel deshalb so gerne Partys mag, weil er eigentlich ein asozialer Mensch ist. Auf der Party sieht der Erzähler Anne wieder, die er tags zuvor auf Sylt getroffen hat, und beobachtet, wie Nigel eine Pille schluckt und sich mit einem schwarzen Model und einem Mann mit einem Ziegenbärtchen unterhält. Auch der inzwischen betrunkene Erzähler nimmt eine Pille; Wahrnehmungsstörungen sind die Folge. Er geht zusammen mit einem offenbar ebenfalls unter Drogeneinfluss stehenden Mädchen auf die Toilette, wo sich das Mädchen jedoch übergibt. Nach diesem ernüchternden Erlebnis verlässt der Erzähler die Party und fährt mit dem Taxi zurück zu Nigels Wohnung.

DREI

In der Wohnung erkennt der Erzähler, dass Nigel bereits wieder zurück ist und sich offenbar mit einer Frau im Schlafzimmer befindet. Als er neugierig die Tür aufreißt, sieht er Nigel gemeinsam mit dem schwarzen Model und dem Ziegenbärtchen-Typ beim Sex; sie fordern ihn zum Mitmachen auf. Der Erzähler packt daraufhin sofort seine Sachen und verlässt Nigels Wohnung; im Taxi auf dem Weg zum Flughafen weint er. Auf dem Flughafen und im Flugzeug provoziert der Erzähler die Mitreisenden, indem er sich beispielsweise die Taschen seiner Barbourjacke mit der für die Passagiere ausliegenden Lufthansa-Verpflegung vollstopft. Einen empört dreinblickenden Mann beschimpft er als „SPD-Nazi" (S. 55). Alkohol, Kaffee, Zigaretten und zwei Joghurts sind das einzige, was er in der Folge zu sich nimmt. Im Flugzeug sitzt eine alte, offenbar wohlhabende Frau neben ihm, die ein Buch von Ernst Jünger liest. Der Erzähler malt sich das Leben dieser Frau aus, danach ein gemeinsames Leben mit der Schauspielerin Isabella Rossellini auf einer Insel. Irgendwann merkt er, wie sein Hintern feucht wird, weil eines der Joghurts, die er sich in die Taschen gestopft hat, ausläuft, was ihm sehr peinlich ist. Während des Landeanflugs denkt er zuerst an eine Begegnung mit Wim Wenders, dann an seinen Frankfurter Freund Alexander, der im Internat Salem von Mädchen umschwärmt wurde. Dann landet das Flugzeug in Frankfurt.

nach der Party: Flug nach Frankfurt

VIER

Der Erzähler verbrennt seine verunreinigte Barbourjacke neben einer Bank, auf der ein chinesischer Geschäftsmann schläft. Mit einem Taxi lässt er sich zum Hotel Frankfurter Hof bringen. Frankfurt ist für den Erzähler eine ausgesprochen hässliche Stadt. Er will hier Alexander besuchen, einen Freund, den er in letzter Zeit aus den Augen verloren hat. Er erinnert sich, wie ihm Alexander früher regelmäßig Urlaubsfotos geschickt hat. Dank eines Erbes reiste Alexander jahrelang um die Welt, auf der Suche nach Spuren des Liedes

in Frankfurt – Erinnerungen an Alexander

You 're my heart, you 're my soul von Modern Talking. Am Ende entfremdeten sich der Erzähler und Alexander. Es kam zu einem Streit, weil sich Alexander bei einer Vernissage in ein Mädchen aus Ostdeutschland namens Varna verliebte, die der Erzähler nicht ausstehen konnte. Im Hotelzimmer fühlt der Erzähler Übelkeit, vermutlich von seinem Drogen- und Alkoholkonsum, und ruft, versehentlich, wie er behauptet, Alexanders Nummer an. Als sich dieser meldet, ist der Erzähler so erschrocken, dass er nichts sagen kann. Er lässt den Hörer fallen und muss sich übergeben, sodass Bett und Teppich verunreinigt sind. In der Badewanne schläft er ein. Als er wieder aufwacht, stellt er gerührt fest, dass ein Hotelangestellter bereits alles wieder sauber gemacht hat. Er erinnert sich an eine Kinderfreundschaft auf Sylt zu einem Jungen namens Henning Hansen. Er sieht sich im Spiegel und lächelt sich an. Spät am Abend geht er in eine Frankfurter In-Kneipe namens Eckstein. Während er mit einem Mädchen Blickkontakt aufnimmt und dabei über die Frankfurter Mädchen nachdenkt, kommt plötzlich auch Alexander zufällig in die Kneipe, aber dieser bemerkt den Erzähler nicht, sondern geht einfach an ihm vorbei. Zuerst beobachtet der Erzähler Alexander, wie er sich an einen Tisch setzt, dann, als Alexander im Keller verschwindet, geht der Erzähler an den Tisch, nimmt Alexanders Jacke und verlässt die Kneipe.

FÜNF

im ICE Richtung Süden – ungeplanter Ausstieg in Heidelberg

Kurz darauf verlässt der Erzähler Frankfurt mit dem ICE Richtung Süden; er plant zunächst, sich Karlsruhe anzusehen. Im Bord-Bistro begegnet er zufällig dem Trendforscher Matthias Horx, mit dem er sich schon einige Male auf

Partys unterhalten hat. Horx erkennt den Erzähler zunächst nicht, bis ihm der Erzähler zuprostet. Da Horx ebenfalls in Karlsruhe aussteigen will, behauptet der Erzähler spontan, sein Reiseziel sei Heidelberg. Dort steigt er nun auch aus und nimmt sich ein Hotelzimmer. Von dem Hotel ist er sehr angetan, auch den älteren Mann an der Rezeption findet er sympathisch; er vermutet, dieser habe seine fehlenden Finger im Krieg an der Ostfront verloren. Vor dem Hotelzimmer führt der Geruch der Seife dazu, dass sich der Erzähler an einen Urlaub mit seinem Vater auf Madeira erinnert, wo der damals elfjährige Erzähler an einem Gruppenspiel teilnahm, bei dem Paare mit aneinander gefesselten Beinen losrennen mussten. Der Erzähler und sein Spielpartner gewannen, trotz großer Schmerzen. Im Hotelzimmer zieht sich der Erzähler um und reißt den Eintracht-Frankfurt-Aufnäher von Alexanders Barbourjacke. Er erkundigt sich bei dem alten Mann hinter der Rezeption, wo die jungen Leute in Heidelberg hingehen, und lässt sich dann von einem Taxi in die Max Bar fahren. Während der Fahrt fällt ihm auf, dass alle Deutschen ab einem bestimmten Alter wie Nazis aussehen. In der Bar beobachtet der Erzähler eine Gruppe junger Leute, Studenten. Einer von ihnen namens Eugen bittet ihn schließlich an den Tisch; dann lädt er ihn zu einer Party ein. Dort ist der Erzähler, da er nichts weiter gegessen hat, schnell betrunken, ebenso wie die meisten anderen Partygäste. Er unterhält sich mit einer Studentin namens Nadja. Kurz darauf lädt ihn Eugen zum Koksen ein und unternimmt einen homosexuellen Annäherungsversuch; beidem verweigert sich der Erzähler. Er fühlt sich sehr schlecht, sucht Nadja und findet sie zusammen mit Nigel (aus Hamburg) im Keller, wo sich die beiden Rauschgift spritzen. Der Erzähler ist darüber sehr bestürzt, und als er Nigel anspricht, erkennt dieser ihn nicht mehr. Panikartig verlässt der Erzähler das Haus und fällt in Ohnmacht.

SECHS

mit Rollo in München

Die nächste Station ist München. Der Erzähler weiß aber zunächst nicht mehr, wie er dorthin gekommen ist. Er ist auf einem Rave, auf dem viele Hippies sind. Neben ihm sitzt Rollo, ein alter Freund, den er noch in Heidelberg wiedergetroffen hat und der ihn, wie der Erzähler jetzt annimmt, nach München gefahren hat. Die beiden beobachten die Raver. Rollo und er werden von einem Hippie angesprochen, der einen Rucksack hat, der wie ein Stofftier aussieht. Der Hippie bietet ihnen (Ecstasy-)Pillen an, doch Rollo gibt ihm aus Jux stattdessen eine eigene, die in Wahrheit ein Beruhigungsmittel (Valium) enthält. Der Anblick der tanzenden Menschen erinnert den Erzähler an das Bild *Der Garten der Lüste* von Hieronymus Bosch. Auf dem Weg zu Rollos Porsche sehen sie den Hippie wieder, der inzwischen schläft. Nachts besuchen sie noch Münchner Szenekneipen; in einer davon sieht der Erzähler eine frühere Bekannte, Hannah, wieder. Sie erkennt ihn allerdings nicht. Anschließend nimmt Rollo den Erzähler mit zu sich nach Hause in seine riesige Wohnung in Bogenhausen. Auf seiner alten chinesischen Opiumliege liegend, informiert Rollo den Erzähler von seiner morgigen Geburtstagsparty in Meersburg am Bodensee; darüber hinaus findet kaum Unterhaltung statt.

SIEBEN

Rollos Geburtstagsparty am Bodensee

Am nächsten Morgen fahren sie zu Rollos Elternhaus am Bodensee. Während der Fahrt denkt der Erzähler über den Bodensee und Rollo nach; Rollo war dort auf einer Walddorfschule; sein Vater unterstützt in Indien einen Guru.

Rollo scheint sich auf sein Zuhause zu freuen, aber nur die philippinische Köchin begrüßt ihn. Eine Zeit lang sitzen die beiden auf Holzstühlen am See, rauchen und hängen ihren Gedanken nach. Danach zeigt Rollo dem Erzähler sein Zimmer; dieser duscht und zieht sich um. Auf der abendlichen Geburtstagsparty sind viele reiche und schöne Gäste, alles ist festlich dekoriert, und Kellner, in denen der Erzähler Models vermutet, warten mit Drinks und Essen auf. Eine Weile stehen der Erzähler und Rollo vor zwei möglicherweise homosexuellen Barmännern; und der Erzähler erinnert sich an einen Flug nach Mykonos vor zwei Jahren, als er versehentlich an einem Strand für Homosexuelle badete, ein Albtraumerlebnis für ihn. Auf Rollos Party wird viel getrunken und gelacht, aber der Erzähler kommt zu dem Schluss, dass die Anwesenden keine Freunde von Rollo sein können, weil ihm Freunde doch sagen würden, dass er bereits wie ein Alkoholiker aussieht. Auch Sergio und Karin, die der Erzähler auf Sylt getroffen hat, sind anwesend. Während er auf Karins Mund starrt, denkt der Erzähler an einen ungarischen Lehrer im Internet Salem namens Solimosi, dessen Mund ähnlich aussah. Als der Erzähler Karins Mund küssen will, damit sie still ist, kommt Sergio zurück. Rollo steht inzwischen traurig und einsam herum, sodass der Erzähler mit ihm auf den Bootssteg geht, wo Rollo zu weinen beginnt. Unter dem Vorwand, sich ein Getränk zu holen, verlässt der Erzähler Rollo und fährt mit Rollos Porsche Richtung Schweiz.

ACHT

in der Schweiz – Nachricht von Rollos Tod

In Zürich vergleicht der Erzähler das Leben in der Schweiz mit dem in Deutschland. In einem Café liest er die Nachricht, dass Rollo unter Drogeneinfluss ertrunken ist.

Einer spontanen Eingebung folgend, lässt der Erzähler sich mit dem Taxi zu einem Friedhof bringen, auf dem sich Thomas Manns Grab befinden soll, aber er findet die Grabstelle nicht. Spät in der Nacht verlässt der Erzähler den Friedhof und geht hinunter zum See. Am Bootsanleger sitzt ein Mann und raucht. Der Erzähler bittet ihn, ihn gegen Bezahlung auf die andere Seeseite zu rudern. Der Roman endet mit der Aussicht auf das baldige Erreichen der Seemitte.

2.3 Aufbau

Der Roman ist in acht Kapitel unterteilt, die lediglich fortlaufend mit der Ziffer überschrieben sind. Das Hauptgeschehen wird überwiegend chronologisch und weitgehend zeitdeckend erzählt. Die Kapitelübergänge fügen sich ohne größere zeitliche Brüche oder längere Auslassungen in diese Erzählweise ein. Lediglich zwischen Kapitel „Sieben" und „Acht" gibt es einen Zeitsprung von zwei Tagen. Die einzelnen Kapitel sind bestimmten Orten zugeordnet, die als Zwischenstationen der Reise des Erzählers anzusehen sind. Die Reise geht vom nördlichsten Punkt Deutschlands, Sylt (Kapitel „Eins"), bis ganz in den Süden zum Bodensee (Kapitel „Sieben") und über die Landesgrenze hinaus. Am Schluss ist der Erzähler in der Schweiz (Kapitel „Acht"), hat also die Grenzen Deutschlands hinter sich gelassen.

Das verwendete Tempus, Präsens, sorgt dafür, dass erzählendes und erlebendes Ich quasi identisch erscheinen (z. B. S. 17: „Wir sind jetzt fast am Strand."). Dennoch liegt der Erzählerstandort *hinter* den beschriebenen Ereignissen, auf die im ersten Satz mit dem Pronomen „es" verwiesen wird: „Also, es fängt damit an" (S. 13). Obwohl der Text am Schluss einen Suizid des Erzählers durch Ertrinken nahelegt, ist das Textgeschehen demnach als Rückblick zu verstehen. Die Ereignisse werden dann aber fortlaufend erzählt. Der Text wird somit von einer zeitlichen und einer geografischen Achse (von Nord nach Süd) strukturiert.

Struktur durch zeitliche und geografische Achse

Neben der chronologischen Grundstruktur enthält die Ich-Erzählung dennoch viele Unterbrechungen durch Reflexionen und Erinnerungen. Die Wiederaufnahme des Erzählstranges auf der Ebene der Erzählgegenwart erfolgt mit Sprachfloskeln

wie „also, ich", „wie gesagt" oder „also" (z. B. S. 65, 76, 92, 95, 101). Gelegentlich wird die Unterbrechung nach einer Rückkehr zum Erzählstrang noch einmal deutlich gemacht (z. B. S. 70: „Was ich eben meinte mit den Briefen, die ich nicht verstanden habe, muss ich noch mal erklären.").
Außer Rückblicken bzw. Erinnerungen (z. B. S. 72 ff., 92 ff., 96 f.) gibt es auch Vorausdeutungen (z. B. S. 65, Streit mit Alexander). Hier werden Erwartungen geweckt, die z. T. erst später eingelöst werden. Reflexionen, Fantasien und Erinnerungen des Erzählers haben eine zeitdehnende Funktion, d. h., die Erzählzeit ist an diesen Stellen länger als die erzählte Zeit. Während der Erzähler beispielsweise sein Hotelzimmer aufschließt, eine Handlung von wenigen Sekunden, erinnert er sich an seine Kindheitserlebnisse auf Madeira (vgl. S. 92–94). Eine Text verknüpfende, aber auch Spannung erzeugende Wirkung haben die knappen Andeutungen von entscheidenden Ereignissen (z. B. dem Streit mit Alexander) oder Anspielungen. Eine wichtige Rolle in dieser Hinsicht spielen natürlich auch die Leitmotive (vgl. Kapitel 2.6.4).

Im Folgenden werden Beispiele für Unterbrechungen der chronologischen Erzählung und des Erzählstranges im Roman erläutert:

- **Erinnerungen an „früher", z. B. an die Kindheit oder die Zeit im Internat**

Episode	Merkmal der Erinnerung
Kindheit am Meer (S. 16)	Gerüche
kleines Mädchen am Strand (S. 22 f.)	Sand in den Härchen am Arm
Fahrt im Zug (S. 25)	fäkale Fantasien

erste Liebe („Sarah"; S. 33 f.)	Flucht aus einer peinlichen Situation
mit dem Flugzeug nach Italien (S. 53)	Gefühl der Wichtigkeit der eigenen Person
Einladung bei Hansens auf Sylt (S. 79 f.)	Freundschaft, sozialer Unterschied
Aufenthalt auf Madeira mit dem Vater (S. 92–94)	Vernachlässigung, Einsamkeit
Verweilen am See (S. 132)	Sensibilität für Natur und Stimmungen

Die Erinnerungen zeichnen sich durch ihre Detailliertheit aus. Der Erzähler betont die Glaubwürdigkeit durch entsprechende Sprachfloskeln: „das weiß ich noch genau" (S. 23) oder: „ich weiß heute noch, wie" (S. 34). Insgesamt ergibt sich der Eindruck, dass der Erzähler, obwohl er auch Peinliches und Negatives erinnert, seine Kindheit tendenziell verklärt. Während früher spontane Kommunikation, Vertrauen und Ansätze von Freundschaft (vgl. S. 79) möglich schienen, leidet der Erzähler zunehmend unter Einsamkeit und der Erfahrung von Hilflosigkeit bzw. der Unfähigkeit, schwierige soziale Situationen zu bewältigen. Einige Kindheitserinnerungen sind durch fäkale Fantasien bestimmt und werden durch spezifische Gerüche (z. B. Bohnerwachs oder Seife) wieder heraufbeschworen.

- **Visionen und Fantasien über das eigene Leben oder das anderer Personen**

Person	Merkmal der Erinnerung, der Fantasie
Selbstmörder von der Brücke (S. 29)	Auftreffen der Körper beim Grillfest
Isabella Rossellini (S. 59 f.)	glückliche Beziehung mit ihr
Designer der Bahn (Bord-Treff) (S. 85 f.)	Vermutung über das Zustandekommen des Namens
Rollos Mutter (S. 129)	ihr Leben als Alkoholikerin

- **Erinnerungen an Freunde und Freundschaften**

Erinnerung	Merkmal der Erinnerung
Nigel, Socke statt Kaffeefilter (S. 37)	Ekel, Unangepasstheit Nigels
Alexander, Streit um Wim Wenders (S. 64)	Entfremdung, Streit
Alexanders Reisen, Fotos (S. 69 f.)	Unverständnis, Entfremdung

- **Assoziationen und Reflexionen zum Thema deutsche NS-Vergangenheit**

Reflexion	Merkmal der Reflexion
Anekdote von Görings verlorenem Dolch (S. 17 f.)	Absurdität
Deutsche sehen aus wie Nazis (S. 96)	Ekel

2.4 Personenkonstellation und Charakteristiken

Der Ich-Erzähler

Familiensituation, Bildung und finanzielle Situation

Der namenlos bleibende Ich-Erzähler ist ein junger Erwachsener aus wohlhabenden Verhältnissen. Über seine familiäre Situation und Kindheit wird der Leser nur bruchstückhaft informiert. Auffällig ist, dass der Erzähler offenbar schon als Kind auf Geschäftsreisen des Vaters mitgenommen wurde und daher mit Reisen im Flugzeug oder dem Aufenthalt in teuren Hotels von klein auf vertraut ist (vgl. z. B. S. 53, 92). Allerdings wurde er häufig weitgehend sich selbst überlassen. Er scheint keine Geschwister zu haben, die Mutter wird nie erwähnt. Die Familie spielt in seinem Leben offenbar keine Rolle; elterliche Liebe und Wärme scheint er als Kind nicht kennen gelernt zu haben. Nur an eine Bedienstete namens Bina, die sich offenbar um ihn kümmert, erinnert er sich mit einer gewissen Wehmut (vgl. S. 95, 126 u. 130). Darüber hinaus taucht nur in einem Nebensatz eine Erinnerung an Weihnachtsfeste zuhause auf (vgl. S. 135). Seine Jugend erlebte der Erzähler in dem elitären Internat Salem.

Allerdings wurde er aus Salem „rausgeschmissen", hat also möglicherweise das Abitur nicht geschafft (vgl. S. 112). Dennoch verfügt er über ein Bildungswissen, das breit gestreut, insgesamt aber bruchstückhaft und unreflektiert ist. Besonders Kenntnisse im Bereich von Kunst, Literatur und deutscher Geschichte werden immer wieder deutlich. Einen extrem kritischen, übersensiblen Blick entwickelt er hinsichtlich der NS-Vergangenheit Deutschlands. Dies führt dazu, dass er oft in (älteren oder ihm unsympathischen) Menschen Nazis vermutet (vgl. S. 39, 55, 96 f.) oder bei Orten ihre NS-Vergangenheit durchscheinen sieht (vgl. S. 31, 88).

Der Erzähler verfügt (ebenso wie seine Bekannten) offenbar von Haus aus über quasi unbegrenzte finanzielle Mittel und eine entsprechende Kreditkarte, denn einer Arbeit geht er nicht nach. Seinen Sportwagen (Triumph) lässt er einfach auf Sylt stehen, trägt nur exquisite Markenkleidung, steigt in erstklassigen Hotels ab und lässt sich mit dem Taxi auch weite Strecken fahren. Darüber hinaus benutzt er Flugzeug und Bahn, ohne auf Preise zu achten.

Alkohol- und Drogenkonsum

Der Erzähler ist starker Raucher und konsumiert ständig Alkohol, nimmt aber zumindest gelegentlich auch andere Drogen zu sich (Ecstasy), obwohl er diese an sich ablehnt (vgl. S. 43). Vom Alkohol betäubt, vergisst er auch über längere Zeiträume das Essen, was die Wirkung des Alkohols verstärkt. Dennoch führt diese Erkenntnis nicht zu einer Verhaltensänderung („Egal. Jetzt trinke ich einfach weiter. Ich kenne das schon. Da muss man durch. Ab und zu eine Zigarette rauchen, dann geht das schon in Ordnung.", S. 98). Trinken, Rauchen, Drogenkonsum und auch Essen werden dabei durchaus nicht als angenehm erfahren. Er isst, obwohl ihm schlecht ist (vgl. S. 13), raucht, obwohl es ihm nicht schmeckt (vgl. S. 39), nimmt Pillen, obwohl er Drogen widerlich findet (vgl. S. 43). Die schlechte körperliche Verfassung des jungen Mannes („ich bin ganz außer Atem, also setze ich mich erst mal auf den Koffer und zünde mir eine Zigarette an", S. 35) findet hier ihre Begründung.

Dieses widersprüchliche Verhalten, Fühlen und Urteilen findet man auch in anderen Zusammenhängen (z. B. S. 36, 69 f., 73, 75, 83, 90, 117, 118, 119). Obwohl er seine Sinne ständig betäubt, ist der Erzähler extrem geruchsempfindlich.

Sinneswahrnehmungen: Riechen, Hören, Sehen

Gerüche von Dingen und Menschen werden genau wahrgenommen und mitgeteilt. Diese olfaktorische Wahrnehmungen helfen ihm, sich zu orientieren und seine Umgebung einzuordnen (vgl. S. 57, 77 f., 132 f., 135). Während manche, mit dem Gefühl der körperlichen Erleichterung verbundene Gerüche zu positiven Empfindungen verhelfen (Geruch des Pissoir-Duftwürfels, vgl. S. 82 f.), dienen ihm unangenehme Gerüche zur Begründung, warum er eine Person abgelehnt (Mundgeruch, Schweißgeruch, vgl. S. 49, 85), Andere Gerüche sind mit bestimmten Erinnerungen oder Erlebnissen assoziiert (vgl. S. 16, 33, 92, 94, 126). Auch Geräusche werden gespeichert und wieder abgerufen. Bezeichnenderweise sind es die leisen und natürlichen Geräusche, die zu nachdenklichen Stimmungen führen (vgl. S. 131 f.), auf die sich der Erzähler dann allerdings doch nicht einlassen will. Das Gleiche gilt für optische Eindrücke. Hier nimmt der Erzähler teilweise extrem genau auch kleinste und für ihn offenbar unangenehme körperliche Details an anderen Menschen wahr (z. B. ein fehlendes Stück vom Schneidezahn, vgl. S. 82, Haare auf dem Handrücken, vgl. S. 90, vgl. auch S. 52, 58, 99), den Menschen als Person aber ignoriert er, bzw. es kommt zu keiner Kommunikation. In Bars, Kneipen, öffentlichen Verkehrsmitteln, auf Partys sitzt der Erzähler „in der Ecke" und beobachtet „die Menschen" (S. 98).

Kleidung und Mode

Diese Form der selektiven Wahrnehmung gilt auch für die eigene Person. Einerseits ist er sehr modebewusst und legt höchsten Wert auf korrekte Kleidungsdetails, Accessoires, Rasur usw. (vgl. S. 133 f.). Andererseits vermeidet er es, sein Gesicht im Spiegel zu sehen und sich mit sich selbst auseinanderzusetzen (vgl. S. 78, 133, vgl. dagegen S. 80: „Ich sehe mich im Spiegel nackt auf der Bettkante sitzen, und ich lächle mich an."). Mode und das angemessene modische Outfit für jede Gelegenheit spielen eine große Rolle. Andere Personen werden abgelehnt, wenn sie schlecht oder billig gekleidet sind; auch an seinem Freund Nigel irritiert ihn dessen „schäbig(e)" Kleidung (S. 32). Die geradezu schwärmerischen Beschreibungen von Oberhemden einer bestimmten Marke (vgl. S. 95) und zeremonielles Umziehen verdeutlichen die Wichtigkeit von Kleidung für den Erzähler. Wenn er auch mit sich selbst nicht gerade pfleglich umgeht, achtet er sehr auf ordentliche und achtsame Behandlung der Kleidungsstücke (vgl. S. 78, 80, 95). Er behauptet, „aus dem Umziehen" immer „viel Kraft" zu schöpfen (S. 95).

Arroganz und Unsicherheit

Trotz aller Reiseerfahrung und zur Schau gestellten Weltgewandtheit macht der Erzähler einen unsicheren und unreifen Eindruck. Viele nonverbale Signale (Gestik, Mimik, Körperhaltung) verraten seine Unsicherheit. So traut er sich nicht, seine Sitznachbarin im Flugzeug anzulächeln (vgl. S. 65 f.). Häufig weiß er nicht, wohin mit seinen Händen und hält sich dann buchstäblich an Gläsern, Bierflaschen und Zigaretten fest (vgl. S. 41, 104). Einerseits urteilt er scharf und entschieden über die verschiedensten Dinge (Getränke, Literatur, Kunst, Kleidung, Werbung), andererseits drückt die wiederholt verwendete Sprachfloskel „wenn ich mich nicht irre" (vgl. S. 43) seine Zweifel an der Richtigkeit des eigenen Urteils und der eigenen Wahrnehmung aus. Die fehlende Selbstsicherheit wirkt sich insgesamt in widersprüchlichem Verhalten, in Selbstüberschätzung und übertrieben scharfen Urteilen aus (vgl. S. 39, 61, 62, 75). Auch seine Neigung zur Fäkalsprache gehört in diesen Zusammenhang (vgl. S. 34, 68, 109, 129). Seine Unsicherheit zeigt sich jedoch gerade in Situationen, die neu oder überraschend sind oder die seine sexuelle Identität in Frage stellen; typischerweise reagiert er darauf, indem er die Situation fluchtartig verlässt. Das gilt für seine Reaktion auf die Einladung zum Gruppensex bei Nigel (vgl. S. 51 f.) oder den homosexuellen Annäherungsversuch von Eugen (vgl. S. 105 f.). Ebenso überfordert reagiert er auf Situationen zwischenmenschlicher Nähe, z. B. als er mit Rollo auf dem Bootssteg steht (vgl. S. 150 f.). Wenn ihn etwas besonders erschüttert, zittern ihm die Hände, weint er (vgl. S. 52) oder er erbricht sich (vgl. S. 77 f.). Ein anderes Zeichen von Überforderung ist, dass ihm schwindelig wird oder er in Ohnmacht fällt (vgl. S. 109 f.). Dennoch bittet er nie jemanden um Hilfe oder vertraut sich einem anderen an. Stattdessen werden die Probleme ignoriert bzw. heruntergespielt oder durch Drogenkonsum überdeckt. Die Flucht vor der Realität vermutet er bei anderen, z. B. bei Rollos Mutter (vgl. S. 129), erkennt sie aber im eigenen Fall nicht. Daher kann er auch keinem anderen Helfer und Stütze sein. Er ist selbst ziel- und heimatlos und lässt sich treiben (vgl. S. 65). Auffallend ist auch, wie sehr seine moralische Entwicklung seine mangelnde Reife belegt: Weder Diebstähle (vgl. S. 84, 151) noch die fatalen Folgen seines zumindest grob fahrlässigen Verhaltens, den depressiven, alkoholisierten Freund auf den Bootssteg zu führen und dort allein stehen zu lassen (vgl. S. 150), scheinen ihm Gewissensbisse zu bereiten.

Verhältnis zu anderen und sich selbst

Anpassung oder Unterwerfung unter Gruppendruck begründet er positiv mit Höflichkeit (vgl. S. 106). Tatsächlich ist ihm aber die Anerkennung durch andere wichtig. Deshalb reagiert er auch gekränkt auf die Missachtung seiner Person, gesteht sich dies allerdings nur abgeschwächt als Gefühl von Peinlichkeit ein (vgl. S. 40). Dabei gehört es aber zu den regelmäßigen Erfahrungen des Erzählers, dass er, etwa aufgrund mangelnden Insiderwissens, negativ auffällt (vgl. S. 40 f.) oder dass er nicht beachtet, erkannt oder sogar überhaupt nicht wahrgenommen wird (vgl. S. 41, 83, 119). Diese Erfahrungen hängen jedoch auch damit zusammen, dass er selbst sich nicht annehmen kann und sowohl eine äußerliche Selbstwahrnehmung (Reflexion im Spiegel) als auch die Auseinandersetzung mit seinem Inneren vermeidet (Betäubung durch Alkohol und Drogen). Scham- oder Reuegefühle nach eigenem Versagen (vgl. S. 138) werden zwar kurz konstatiert, aber eher unterdrückt. Häufig enden diese Situationen in Aggressionsentladungen meist verbaler Art oder in Flucht (vgl. S. 34, 110). Selbstkritik wird hingegen nicht zugelassen.

Beziehung zu anderen Personen

Informationen und Bewertungen der anderen Personen und „Freunde" des Ich-Erzählers sind extrem subjektiv und widersprüchlich. Im Laufe der Erzählung ändert sich der Eindruck des Lesers von einer Person – hervorgerufen durch entgegengesetzte Darstellung oder Beurteilung durch den Erzähler – z. T. drastisch. Mitunter erfindet bzw. fantasiert der Erzähler auch, wenn er von anderen berichtet. Dennoch lassen sich einige Schwerpunkte der Beziehung zu anderen ausmachen.

Nigel

Nigel wohnt in Hamburg im In-Viertel Pöseldorf. Dort hat er eine teure, große und schöne Wohnung, die er offenbar von seinem Erbe finanziert. Sie ist bestückt mit Wertgegenständen und Büchern, wirkt aber vernachlässigt und unpersönlich. Der Erzähler kennt Nigel „schon ziemlich lange, weiß aber immer noch nicht, was er genau macht." (S. 30) Außer dass Nigel mit Anlageberatern in aller Welt telefoniert, weiß der Erzähler nichts über den Lebensunterhalt Nigels zu berichten. Im Kontrast zu seinen finanziellen Möglichkeiten steht Nigels Neigung zum Understatement und zur Schmuddeligkeit. Das drückt sich im Sauberkeitszustand von Wohnung und Kleidung aus sowie in der Art der Kleidung. Statt wie der Erzähler Kleidung von Markenfirmen zu kaufen, trägt Nigel löchrige T-Shirts mit den Werbelogos von Firmen. Dies empfindet Nigel als provokativ, hat er einmal dem Erzähler gestanden. Nigel konsumiert Drogen und geht gern auf Partys und in schmutzige Bars.

abrupter Wechsel in der Bewertung durch Ich-Erzähler

Wenn der Erzähler Nigel anfangs als einen idealen Menschen einführt, der „der am wenigsten eingebildete Mensch" (S. 36) ist, den er kennt, und ihm zuliebe Zugeständnisse verschiedenster Art macht (etwa in schmutzige Bars mitgeht), ändert sich die Einschätzung recht schnell. Aus dem guten Zuhörer Nigel (vgl. S. 34) wird kurz darauf jemand, der ein „im Grunde asozialer Mensch ist, (...) nicht kommunikationsfähig" (S. 38). Auch die anfangs behauptete Freundschaft wird implizit in Frage gestellt, wenn keine wirklichen Gespräche mit Nigel geführt werden können und Nigel seinen Gast sofort ignoriert, sobald er auf Partys jemand anderen trifft. Dennoch lässt sich der Erzähler von Nigel zum Drogenkonsum verführen. Erst als er Nigel beim Gruppensex in dessen Wohnung trifft und zur Teilnahme eingeladen wird, gibt der Erzähler diese „Freundschaft" ohne Rücksprache oder Abschied auf. Als er ihn dann noch einmal zufällig auf einer Party in Heidelberg begegnet und mit ansehen muss, wie sich Nigel Drogen spritzt, reagiert der Erzähler sehr emotional und betroffen (vgl. S. 109, 131). Aber dort erkennt ihn Nigel nicht mehr wieder.

Alexander

Freund aus Jugendtagen, Vorbild für Ich-Erzähler

Auch Alexander, der in Frankfurt wohnt, bezeichnet der Erzähler zunächst als (alten) Freund und rühmt ihn dafür, dass ihn nichts kränkt (vgl. S. 40). Damit wird zugleich deutlich, was der Erzähler sich selbst wünscht: Selbstsicherheit, Schutz vor Verletzung und Kränkung. Alexander war ein Zimmergenosse im Internat Salem, stammt folglich ebenfalls aus vermögendem Elternhaus. Destruktive Einstellungen, hoher Alkoholkonsum und teure Kleidung kennzeichneten ihn und bildeten die gemeinsame Basis. Darüber hinaus beneidete ihn der Erzähler um seine Wirkung auf Frauen (vgl. S. 65). Erst im Laufe des Romans wird deutlich, welch intensive Beziehung zu Alexander einst bestand.[17] Alexander reiste nach dem Abitur viel, auch durch Dritte-Welt-Länder, und pflegte das bizarre Hobby, Spuren des Modern Talking-Songs *You 're my heart, you 're my soul* (S. 70 f.) zu suchen. Aus der ganzen Welt schickte er dem Erzähler Fotos und Briefe, deren Inhalt dieser immer noch erinnert (vgl. S. 69 f., 116 f.). Wenn harmlos der Begriff „Streit" als Trennungsgrund genannt wird und dass man sich danach etwas „aus den Augen verloren" habe (vgl. S. 65), ist doch aufgrund der intensiven körperlichen Reaktion des Erzählers (vgl. S. 77 f.) schnell erkennbar, dass hier schwerwiegende emotionale Gründe für die Trennung vorliegen. Die positiven Aussagen zu Alexander ändern sich im Laufe des Romans zu negativen Charakterisierungen. Anfangs ist Alexander für den Erzähler „ein feiner Kerl" und „guter Freund" mit einem „klugen Kopf" (S. 69), dann wird er als sehr stur beschrieben (vgl. S. 75). Für die persönlichen Divergenzen wird dabei Alexanders Liebe zu einem Mädchen namens Varna verantwortlich gemacht. Bezeichnenderweise nimmt der Erzähler sich als Erinnerungsstück Alexanders Jacke heimlich mit und trägt sie selbst, wohl ebenfalls ein Zeichen dafür, wie sehr er immer noch an Alexander hängt.

17 In diesem Zusammenhang wird häufig eine latente bzw. unterdrückte Homosexualität des Erzählers vermutet. Vgl. Baßler, *Christian Kracht*, S. 725.

Rollo

Von Rollo, einem weiteren alten „Freund", erfahren wir vor allem, dass er über immense finanzielle Mittel verfügt, die ihm einen großzügigen Lebensstil und u. a. eine „riesengroß[e]" Wohnung in München-Bogenhausen erlauben (S. 121). Aufgewachsen ist Rollo in der Villa seiner Eltern in Meersburg am Bodensee. Allerdings stand Rollo offenbar die meiste Zeit unter der Obhut des ausländischen Personals. Die Eltern scheinen sich vor allem mit sich selbst beschäftigt zu haben; der Vater ist so reich, dass er zum Mäzen eines indischen Gurus wurde und in Indien auch viel Zeit verbringt. Von der Mutter, von der Rollo nie spricht, vermutet der Erzähler, dass sie alkohol- oder tablettensüchtig ist und diese Neigung an Rollo vererbt hat; später stellt sich heraus, dass sie sich in einer Psychiatrie befindet (vgl. S. 129 u. 155). Dennoch zeigen Rollos Freude und Aufregung bei der Ankunft in Meersburg (vgl. S. 128, 130), dass er an dem Elternhaus hängt. Als Kind hat er die freie Waldorfschule besucht. Schon als Jugendlicher hat Rollo viel Zeit allein verbracht mit Musikhören, Lesen oder nächtlichen Ausflügen an einen Fluss in der Gegend (vgl. S. 129). Rauchen und Drogenkonsum gehörten schon früh zu seinem Leben. Außerdem hatte er eine Tendenz zur Selbstaggression (brannte sich absichtlich Zigarettenlöcher in den Arm, vgl. S. 129). Dieses Verhalten und sein hektisches Lidflattern als psychosomatisches Symptom (vgl. S. 120, 137) deuten auf eine emotionale Instabilität hin, die der Erzähler aber nicht wahrhaben will. Rollo betäubt sich offenbar pausenlos mit Beruhigungsmitteln, vor allem Valium, sucht Halt und Ruhe, umgibt sich aber zugleich mit Menschen, von denen selbst der Erzähler bezweifelt, dass sie wirklich seine Freunde sind, da niemand Rollos offensichtliche Probleme anspricht oder ihm helfen will (vgl. S. 144). Neben positiven Eigenschaften („souverän", S. 114, „der beste Gastgeber der Welt", S. 122) urteilt der Erzähler auch abwertend über Rollo („dumm", S. 134, „hat eine ziemlich bösartige Ader", S. 117). Rollo hat dem Erzähler offenbar aus einer unangenehmen Lage geholfen, als er ihn von der desaströsen Party in Heidelberg zu sich nach München brachte. Dies wird aber nicht zum Thema eines Gespräches gemacht, weil es dem Erzähler „ziemlich peinlich" wäre (vgl. S. 112). Der Erzähler kommt sogar zu dem Schluss, dass Rollo sich nicht für ihn und seine Gesprächsthemen interessiert. Als Rollo seinerseits Hilfe sucht oder zumindest braucht, lässt der Erzähler ihn unter einem Vorwand allein zurück, nachdem er ihn fatalerweise ausgerechnet auf einen Bootssteg geführt hat. Rollo begeht anschließend entweder Selbstmord oder stürzt aufgrund seines Alkohol- und Drogenpegels versehentlich in den See.

Rollos Tod: Unglück oder Selbstmord?

Weitere Personen

Neben diesen Personen gibt es noch einige, die der Erzähler offenbar schon länger kennt oder die für ihn interessant sind. Dazu gehören:

- **Karin:** Er trifft sie auf Sylt, und sie verbringen zusammen mit anderen den Tag, sie küssen sich, Karin lässt ihn abrupt stehen und fährt weg (vgl. S. 23 f.).
- **Anne:** Er begegnet ihr auf Sylt und auf der Party in Hamburg, Anne ignoriert ihn dort aber (vgl. S. 41).
- **Nadja:** Er lernt sie auf der Party mit Eugen kennen. Anfangs ist der Erzähler von Sympathie und erotischen Gefühlen für sie erfüllt, sie verschwindet dann aber bald. Später entdeckt der Erzähler sie zusammen mit Nigel beim Heroin-Konsum (vgl. S. 108 f.).

- **Varna:** Sie ist (oder war) Alexanders Freundin. Sie stammt aus Ostdeutschland, wohnt in Frankfurt, geht jeden Tag aus, meist auf Vernissagen, und kennt sehr viele Leute. Der Erzähler macht lediglich abfällige Bemerkungen über sie, beschreibt sie als billig und dämlich (vgl. S. 73–76).
- **Hannah:** Sie verkauft Zigaretten und Bonbons in einer Kneipe in München. Der Erzähler bezeichnet sie als eine wirkliche Schönheit und würde gern mit ihr sprechen. Sie beachtet ihn aber nicht (vgl. S. 119).
- **Ona:** Ein Mädchen, an das er sich wegen Rollos hektischem Lidflattern erinnert (vgl. S. 120).
- **Eugen:** Er ist offenbar ein Student in Heidelberg sowie Mitglied einer Studentenverbindung und macht anfangs einen netten Eindruck auf den Erzähler, bis Eugen sich ihm auf einer Party unverhohlen homosexuell nähert (vgl. S. 107).

Daneben treten in dem Roman auch viele real existierende Personen als Nebenfiguren auf, z. B. der damalige Chefredakteur der Zeitschrift *Tempo,* Jürgen Fischer (vgl. S. 41), der Trendforscher Matthias Horx (vgl. S. 86), der Schriftsteller Maxim Biller (vgl. S. 118) oder der Kolumnist Uwe Kopf (vgl. S. 118). Diese Figuren gehören quasi zur Staffage des Romans, mit denen die Illusion von Realität inszeniert wird, zugleich charakterisieren sie das (Szene-)Milieu, in dem sich der Erzähler bewegt.
Allen Personen des Romans, den fiktiven wie „realen", ist gemeinsam, dass sie keine finanziellen Sorgen zu haben scheinen, dass sie übermäßig und regelmäßig Alkohol oder Drogen konsumieren, dass sich mit ihnen keine persönlichen Gespräche führen lassen, dass sie pausenlos von einem (angesagten) Ort zum nächsten unterwegs sind und sich ständig in Szene-Kneipen, Vernissagen und auf Partys in der ganzen Republik über den Weg laufen.

2.5 Sachliche und sprachliche Erläuterungen

Traxx, S. 13: Szenediskothek in Hamburg.
P I, S. 13: Szenediskothek in München.
BWL, S. 13: Betriebswirtschaftslehre.
Barbourjacke, S. 13: Jacke der schottischen Modefirma J. Barbour & Sons, dem weltweit bekanntesten Hersteller von Wachsjacken; im Roman ein Kultobjekt (vgl. Kapitel 2.6.4).
Warentermingeschäfte, S. 14: Fachbegriff aus der Finanzwelt; der Kauf oder Verkauf von Rohstoffen oder anderen Gütern, der auf Termin, d. h. zu einem späteren Zeitpunkt stattfindet. Warentermingeschäfte sind hochspekulativ, d. h. ebenso gewinnträchtig wie riskant.
Gaultier, S. 14: Jean-Paul Gaultier (geb. 1952), französischer Modeschöpfer, bekannt für seine ausgefallenen Kreationen.
Christian Lacroix, S. 14: (geb. 1951), französischer Modeschöpfer, kreiert zum Teil sehr farbenfreudige, exotische Haute Couture (franz. „Hohe Schneiderkunst").
Salmonellen, S. 14: Bakterien, die eine Durchfallerkrankung verursachen.
Maxim Biller, S. 16: (geb. 1960), deutscher Schriftsteller aus dem Umkreis der Pop-Literatur, Sohn russischer-jüdischer Eltern, veröffentlichte u. a. in *Tempo*, *Der Spiegel*, *Die Zeit*.
Göring, S. 17: Hermann Göring (1893–1946), NS-Politiker, zweitmächtigster Mann im „Dritten Reich".
Flak, S. 18: Kurzwort für Flugabwehrkanone.
Rolex, S. 18: Schweizer Uhrenmarke, bekannt für hochwertige und teure Produkte.
Rungholt, S. 19: Bedeutendster Handelsplatz Nordfrieslands, ging in der Sturmflut 1362 – also nicht „vor zweihundert Jahren" – unter („Grote Mandränke").

Hajo Friedrichs, S. 22: Hanns Joachim Friedrichs (1927–1995), deutscher Journalist, Moderator der ARD-„Tagesthemen".

Kupferkanne, S. 23: Berühmtes Café bei Kampen/Sylt, Promi- und Künstlertreff.

Triumph, S. 25: Ein heute nicht mehr existierender Hersteller von Sportwagen.

Blohm & Voß-Werft, S. 31: 1877 gegründete Hamburger Schiffswerft, die im „Dritten Reich" tatsächlich vor allem U-Boote baute.

Biedermeier-Sekretär, S. 35: Schreibschrank aus der Biedermeierzeit (1815–1848).

Gestapo, S. 37: Abkürzung für Geheime Staatspolizei (im „Dritten Reich").

Schupo, S. 37: Abkürzung für Schutzpolizei.

Prinz, S. 38: Monatlich erscheinendes Stadtmagazin für deutsche Großstädte.

Hafenstraße, S. 39: Begriff für die seit Mitte der achtziger Jahre besetzten Häuser in der St. Pauli-Hafenstraße und Bernhard-Nocht-Straße im Hamburger Stadtteil St. Pauli.

Sam Peckinpah, S. 40: (1925–1984), US-amerik. Western-Regisseur.

Gilles Deleuze, S. 40: (1925–1995), franz. Philosoph, Vertreter des Dekonstruktivismus.

Rio Bravo, S. 40: US-Film von 1959, einer der erfolgreichsten Western der Filmgeschichte.

Christian Metz, S. 40: (1933–1993), franz. Filmtheoretiker, begründete im Rückgriff auf Psychoanalyse und Linguistik eine „Filmsemiologie".

Jürgen Fischer, S. 41: Jürgen Fischer war von 1990 bis 1992 Chefredakteur des „Zeitgeist"-Magazins *Tempo*, einer der einflussreichsten Zeitschriften der achtziger und neunziger Jahre.

Twin Peaks, S. 46: Fernsehserie von David Lynch (1990–1991); eine der einflussreichsten Krimi- und Mystery-Serien der Fernsehgeschichte.
Angelo Badalamenti, S. 46: US-amerik. Filmkomponist, schrieb den Soundtrack zur TV-Serie *Twin Peaks.*
Der Exorzist, S. 48: US-Horrorfilm von 1973 über ein vom Teufel besessenes Mädchen.
Hamburger Feuersturm, S. 49: Zerstörung Hamburgs Ende Juli 1943 durch die alliierte Luftwaffe („Operation Gomorrha").
Phuket-Aufenthalt, S. 55: Urlaubsinsel in Süd-Thailand.
Isabella Rossellini, S. 59: Ital. Schauspielerin, geb. 1952, wurde bekannt mit Filmen von David Lynch (*Blue Velvet*, 1986; *Wild at heart*, 1990).
Ernst Jünger, S. 61: (1895–1998), deutscher Schriftsteller, feierte die Schrecken des Ersten Weltkriegs in seinem stilisierten Tagebuch *In Stahlgewittern* (1920 ff.), war in der Weimarer Republik einer der repräsentativen Ideologen national-konservativer Kreise und aufgrund seiner Schriften im Nachkriegsdeutschland stets umstritten.
Hermann Hesse, S. 61: (1877–1962), deutscher Schriftsteller, 1946 Nobelpreis für Literatur.
Triumph des Willens, S. 63: Propagandistischer Dokumentarfilm über den NSDAP-Reichsparteitag 1934 und eines der einflussreichsten Werke der deutschen Filmregisseurin und Schauspielerin Leni Riefenstahl (1902–2003).
Panzerkreuzer Potemkin, S. 63: Stummfilm des sowjetischen Filmregisseurs Sergei Eisenstein (1898–1948) von 1925, der die russische Revolution von 1905 feiert. Aufgrund seiner Technik der Filmmontage einer der einflussreichsten Filme aller Zeiten.

Der Himmel über Berlin, S. 63: Film des deutschen Filmregisseurs Wim Wenders (geb. 1945).

Salem, S. 64: Die Schule Schloss Salem ist ein Elite-Internat nahe des Bodensees. Es wurde unter der Schirmherrschaft von Prinz Max von Baden durch den Pädagogen Kurt Hahn in Salem (Baden-Württemberg) 1920 gegründet. Hahn verfolgte nach englischem Vorbild Prinzipien der Erziehung zur Eigenpersönlichkeit, zur Menschlichkeit und zur Verantwortung gegenüber der Gemeinschaft. Der Besuch der Schule ist teuer.

Brown Boveri, S. 67: Ein Konzern der Elektrotechnik, der 1988 mit ABB fusionierte.

Walther von der Vogelweide, S. 69: (um 1170–um 1230), mittelhochdeutscher Dichter (also kein Maler, wie der Erzähler vermutet).

Bernard von Clairvaux, S. 69: (um 1090–1153), franz. Abt und Kirchenlehrer (also kein Maler, wie der Erzähler vermutet).

Der Name der Rose, S. 69: Verfilmung des Romans von Umberto Eco von 1986. Der zuerst 1980 in Italien erschienene Roman wurde auf der ganzen Welt, aber besonders in Deutschland ein großer Erfolg.

Kykladen, S. 69: Inselgruppe im Ägäischen Meer, eines der beliebtesten Reiseziele in Griechenland.

Juan-Les-Pins, S. 69: Seebad an der Côte d'Azur.

Vernissage, S. 74: Eröffnung einer Kunstausstellung.

Spex, S. 74: Einflussreiche deutschsprachige Musikzeitschrift.

Diedrich Diederichsen, S. 75: (geb. 1957), Kulturwissenschaftler und Journalist, einer der wichtigsten deutschen Poptheoretiker.

Grünofant, S. 79: Ein in den siebziger und achtziger Jahren beliebtes Eis mit Waldmeistergeschmack von Langnese.

Matthias Horx, S. 86: (geb. 1955), deutscher Trend- und Zukunftsforscher, Unternehmensberater.
Landser-Heft, S. 95: 1957 begründete Heftromanreihe des Verlags Pabel-Moewig mit militärhistorischen Geschichten aus dem Zweiten Weltkrieg, der eine Verharmlosung, wenn nicht Verherrlichung des Krieges vorgeworfen wird.
Wachturm, S. 96: Gratiszeitschrift der christlich-chiliastischen Religionsgemeinschaft „Die Zeugen Jehovas".
Stalingrad, S. 100: Deutscher Anti-Kriegsfilm von 1993, in dem Regisseur Joseph Vilsmaier den aussichtslosen Kampf der im Zweiten Weltkrieg im Kessel von Stalingrad eingeschlossenen deutschen 6. Armee zeigt.
Wagner-Nazigewitter, S. 101: Die Werke des deutschen Komponisten Richard Wagner (1813–1883) waren bei den Nazis sehr beliebt.
Schmiss, S. 105: Verletzung bzw. Narbe im Gesicht als Folge einer Mensur (Fechtkampf), wie sie traditionell in schlagenden (und politisch meist rechtskonservativ orientierten) Studentenverbindungen gefochten wird.
Rave, S. 111: Partytanzveranstaltung mit elektronischer bzw. Techno-Musik.
Valium, S. 114: Psychopharmakon zur Behandlung von Angstzuständen.
Andreas Vollenweider, S. 115: (geb. 1953), Schweizer Musiker, Komponist von New-Age-Entspannungsmusik.
Koyaanisqatsi, S. 115: US-amerik. Kunst-Film von 1983 des Regisseurs Godfrey Reggio, zu dem Philip Glass, ein Vertreter des Minimalismus, die Musik komponierte.
Der Garten der Lüste, S. 115: Berühmtes dreiteiliges Altarbild des niederländischen Malers Hieronymus Bosch (um 1450–1516).

Ragnarök, S. 116: Altnordisch „Götterverhängnis"; in der altnordischen Mythologie der Endkampf der Götter mit den feindlichen Mächten.

Uwe Kopf, S. 118: Deutscher Journalist, um 1990 neben Maxim Biller und Peter Glaser Kolumnist der Zeitschrift *Tempo*.

Tsing Tao, S. 121: Stadt im Süden der Halbinsel Shandong, China; Teil der für 99 Jahre gepachteten deutschen Kolonie Kiautschou (1898–1914).

Waldorfschule, S. 126: Private Schulen, die nach Aufbau und Lehrplan Rudolf Steiners anthroposophischen Konzeptionen folgen. Die pädagogische Ausrichtung sieht keine Prüfungen und kein Sitzenbleiben vor. Künstlerische und praktische Fächer sollen zur Ausbildung der Fantasie und der Persönlichkeit beitragen (Orchesterspiel, Eurythmie, Malen, Modellieren, Schauspiel usw.).

Aschram, S. 127: Klosterähnliches Meditationszentrum.

Budapester Aufstand, S. 147: Vermutlich der Ungarische Volksaufstand gegen die kommunistischen Machthaber im Oktober 1956.

zwei polnische Fremdarbeiter, S. 147: Während des Zweiten Weltkrieges mussten zahlreiche Fremd- und Zwangsarbeiter, v. a. aus Polen und der Sowjetunion, unter unmenschlichen Bedingungen in Deutschland arbeiten (insg. über 7 Mio.), viele verloren dabei ihr Leben.

Volxküchen, S. 158: Einrichtung der Hausbesetzer-Szene der achtziger Jahre, Gruppenkochen, bei dem Essen zum Selbstkostenpreis ausgegeben wird. Die eigenwillige Schreibweise gründet in der anti-nationalsozialistischen Haltung der Szene (statt „Volk").

Grab von Thomas Mann, S. 159: Der am 12. August 1955 in Zürich verstorbene Schriftsteller Thomas Mann ist tatsächlich auf dem Kilchberger Friedhof begraben.

2.6 Stil und Sprache

Stil und Sprache des Textes sind vor allem durch drei Faktoren bestimmt:

- gesprochene Sprache
- Jugend- und Szenesprache
- Verwendung rhetorischer und stilistischer Figuren

2.6.1 Gesprochene Sprache

Erzähler „spricht“ mit dem impliziten Leser

Die Wahl der Sprachebene ist in Krachts Roman wesentlich durch die **Kommunikationssituation** bestimmt: **Der Erzähler „spricht“ mit dem impliziten Leser**, er kommuniziert bewusst mit ihm. Der Stil weist daher typische Merkmale von Mündlichkeit (im Gegensatz zu Schriftlichkeit) und Umgangssprache auf. Im Text wird die **Gegenwärtigkeit des Erzählens** durch das Grundtempus Präsens und durch wiederkehrende adverbiale Bestimmungen der Zeit („in diesem Moment“, S. 52, „in dem Moment“, S. 102) heraufbeschworen (vgl. dazu auch Kapitel 2.3). Darüber hinaus weckt der Erzähler Erwartungen durch Vorausdeutungen auf unmittelbar folgende Erzählteile („ich erzähle auch gleich warum“, S. 74)[18] oder relativiert kurz zuvor gemachte Aussagen („das habe ich vorhin nur so gesagt“, S. 91). Im Plauderton einer Unterhaltung erinnert er das eigene Erzählen („Dabei fällt mir ein, dass ich noch nicht erzählt habe“, S. 75). Diese zeitliche Nähe zum Leser geht einher mit dem Gestus von Vertraulichkeit und Intimität.

18 Diese Ankündigung wird allerdings nicht erfüllt.

Der Erzähler

- **erzählt** dem Leser private **Geheimnisse** („Ich habe das noch niemandem erzählt", S. 132).
- **teilt** ihm **Urteile** über Freunde **mit**, die er diesen selbst nicht mitteilen würde („Gott, das würde ich ihm nie sagen, aber irgendwie ist er nicht kommunikationsfähig", S. 38).
- **gibt Empfindungen zu** („Das haut mich um. So ein brillanter Satz.", S. 46).
- **erläutert oder begründet** bestimmte **Abweichungen** (digressions) im Erzählen („Einmal, letztes Jahr, das hat jetzt nichts mit klassischer Kleidung zu tun, passierte dies", S. 37; „Ich hab das mal erzählt, weil es irgendetwas mit dem Geruch der Seife zu tun hat.", S. 94).
- **gibt Erklärungen ab** und teilt sein Wissen mit dem Leser („dabei fällt mir ein, dass ich gerade erst neulich gemerkt habe, warum Hanuta Hanuta heißt. Das ist nämlich so: (...)", S. 37; ebenso z. B. S. 46: „Angelo Badalamenti"; S. 62: „Lufthansa-Bordbuch"; S. 119: „Essecken")
- **gibt Unsicherheiten** bei der Darstellung **zu** („Ich weiß nicht, ob ich das richtig erklärt habe.", S. 43; „ich kann das nicht anders beschreiben", S. 45; „am Rand oder am Saum, oder wie das heißt", S. 37).
- **gibt Unwissen zu** („Wie die genau heißen, hab ich vergessen.", S. 84).
- **reflektiert die Reaktion des Lesers** („Ich weiß, das klingt jetzt komisch, aber ich sage das trotzdem mal", S. 96; „Das klingt jetzt alles reichlich merkwürdig", S. 93).
- **enthält** andererseits **dem Leser bestimmte Informationen vor** („Ich nenne sie jetzt mal einfach Sarah", S. 33).
- **beteuert** den **Wahrheitsgehalt** des Erzählten („ich erfinde nichts, das sagt sie jetzt wirklich", S. 46; „(...) aber es ist

doch wahr. Das ist sogar tausendprozentig wahr.", S. 59; „es stimmt tatsächlich", S. 96; „das schwöre ich", S. 97; „wirklich wahr", S. 98).

- **bekräftigt die Richtigkeit der Wortwahl** („Das nennt sich wirklich so.", S. 85; „Das ist wieder so ein Wort. Das glaubt man gar nicht, dass es so etwas gibt.", S. 96).

Die folgende Übersicht erläutert Merkmale, an der die Sprachebene der **gesprochenen Sprache** erkennbar ist:

Sprachliches Mittel	Erklärung	Beispiel[19]
Füllsel	füllt Lücken aus, gibt dem Sprecher Zeit zum Nachdenken über weitere Sprachäußerung	„ja" (S. 87, 97) „also" (S. 95, 104, 138) „na ja" oder „na ja, egal" (S. 41, 92, 103, 116, 125)
Verkürzungen	z. B. Weglassen des „e" bei Verben, um Zeit zu sparen	„**hab** ich vergessen" (S. 84) „Ich **hab** sie" (S. 92)
Inversion	Umkehrung der üblichen Wortstellung	„weil **dafür kann** er ja nun wirklich nichts" (S. 91)
Doppelungen und Einschübe	ergibt sich aus dem kommunikativen Kontext, notwendig zur Absicherung der Botschaft, Appellfunktion	„Ich habe **da** noch gar nicht **drüber** nachgedacht" (S. 117) „Ich meine, **bitte**, ich war da vielleicht gerade mal elf." (S. 93) „wie gesagt" (S. 101, 129 f.)

19 Hervorhebungen in den Beispielen nicht im Original.

nachgestellte Aussagen	Verdeutlichung des Gemeinten, Korrektur des Gesagten, Richtigstellung	„obwohl **das** sonst so gar nicht meine Art ist, **aus der Flasche zu trinken**, meine ich" (S. 43)
Verwendung von Indefinitpronomen	Ausdruck der Beliebigkeit, Ungenauigkeit, Gleichgültigkeit (da im Mündlichen oft die Zeit für ausführliche Bestimmungen fehlt)	„irgendjemand" (S. 109, 133) „irgendwie" (S. 43, 47, 86, 101) „irgendwelche" (S. 81, 112, 113) „irgendetwas" (S. 112) „irgendwo" (S. 103)
umständliche, wiederholende Darstellung	Ausdruck des allmählichen Ringens um Worte, Eingeständnis	„Der Nigel hat recht gehabt, denke ich, obwohl es mir einen Moment lang schwerfällt, das zuzugeben. Natürlich gebe ich das ja nicht zu, sondern denke es nur so im Stillen, aber es ist wirklich ein bisschen schwer, wenn jemand Recht hat, dem man dieses Rechthaben nicht mehr zusprechen mag." (S. 89 f.)
Ellipsen, elliptisches Sprechen	Weglassen der Redundanz; nur das inhaltlich Wichtige wird ausgesprochen, die übrigen grammatischen oder semantischen Bestandteile ergeben sich aus dem Kontext	„Sagt er." (S. 116) „nach verlorener Jugend und so" (S. 129)

Wiederholung des Wortes „so"		„(...) man hat **so** das Gefühl, dass es noch lange hell sein wird, **so** ein Licht ist das. **So** ein Licht gibt es gar nicht in Norddeutschland." (S. 94)

2.6.2 Jugend- und Szenesprache

Das genaue Alter des Ich-Erzählers wird zwar nicht genannt, doch dürfte es sich um einen jungen Menschen Anfang bis Mitte zwanzig handeln, denn die Abiturprüfung liegt bereits einige Zeit hinter ihm (vgl. S. 64 f.). Er bedient sich seiner Jugend- und Szenesprache und richtet sich durch diese Gruppensprache an ein mehr oder weniger gleichaltriges Gegenüber. Dadurch entsteht eine Verbundenheit und in gewisser Hinsicht auch Gleichgestelltheit des Erzählers mit dem Leser. Die Abgrenzung von spezifischer Jugendsprache zu Umgangssprache ist allerdings fließend.

Die Übersicht zeigt wichtige Merkmale der **Jugendsprache**, wie sie im Roman zu finden sind:

Sprachliches Mittel	Erklärung	Beispiel
Übertreibungen	Verstärkung der Aussage, der Überzeugungskraft, Bekräftigung	„Milliarden von Büchern" (S. 35) „wahnsinnig unecht" (S. 43) „absolut widerlich" (S. 43) „tausendprozentig wahr" (S. 59) „unfassbar hässlichen" (S. 85) „verdammt teuer" (S. 89) „extrem fein" (S. 90) „wahnsinnig froh" (S. 90)

Jugendjargon	neue Wortbedeutung, Sicherung der Gruppenzusammengehörigkeit	„asig" (S. 35) = verlottert, verkommen (vermutlich von „asozial") „Schwuletten" (S. 141) = abwertend für Homosexuelle
Fäkalsprache	Abgrenzung von normierter Sprache, Ausdruck des Widerstandes gegen Erwachsene, Erziehung und Sitte	„wenn jetzt jemand auf der Toilette sitzt und pinkelt, dann fliegt die Pisse von unter dem Zug nach oben" (S. 25) „dass Ralph Lauren (...) im Grunde scheiße aussieht" (S. 95) „früher hätte ich so etwas ziemlich Scheiße gefunden" (S. 129)
wiederholter Gebrauch wertender Adjektive	Herausstellung eines eigenen Standpunktes, Abgrenzung von anderen	„das blöde Madeira" (S. 93) „dieser blöde Kurt Cobain" (S. 117) „so einen idiotischen Fernsehturm" (S. 96) „wahnsinnig froh" (S. 90) „weil das ziemlich peinlich wäre" (S. 112)

2.6.3 Rhetorische und stilistische Figuren

Ein weiteres Merkmal der sprachlichen Gestaltung ist der **Gebrauch rhetorischer und stilistischer Mittel**. Diese als elaboriert zu bezeichnende Sprachverwendung macht einerseits die Fiktionalität und stilistische Überhöhung des Romans deutlich. Andererseits fügt sie sich in die Charakteristik des Ich-Erzählers, da er sich trotz des jugendlichen Jargons und seiner Naivität als relativ gebildet erweist.[20] Darüber hinaus zeigen seine fanta-

20 Vgl. hierzu die Auflistung der Referenzen im Materialienteil (vgl. Kapitel 5).

Zeichen für Kreativität und Bildung des Ich-Erzählers

sievollen Geschichten und Tagträumereien seine kreative Begabung und seinen Sinn für Sprachverwendung. Diese wird sogar teilweise explizit reflektiert.[21] Durch diese Art der sprachlichen Gestaltung wird das Erzählte lebendiger und anschaulicher.

Sprachliches Mittel	Erklärung	Beispiel
Zusammensetzungen (Komposita)	Verkürzung, Prägnanz	„Individualisten-Männer" (S. 90) „Model-Lächeln" (S. 135) „Model-Kellner" (S. 136) „Schwuletten-Blick" (S. 136) „Schwuletten-Stimmchen" (S. 135)
Wortneuschöpfungen (Neologismen)	Ausdruck der Kreativität und Individualität	„Proletensolidaritäts-Gründen" (S. 95) „Wagner-Nazigewitter" (S. 101) „Understatement-West-Mensch" (S. 110) „porschlochartig (S. 117)
Lautmalerei	Verdeutlichung des Akustischen	„schnapp, schnapp macht das" (S. 78) „Klack Klack macht das, weil ich ja unter meinen Schuhen so Metallteile habe." (S. 84) „Tsk Tsk Tsk, macht der" (S. 141)

21 Vgl. dazu die Ausführungen zur Kommunikation mit dem Leser in Kapitel 2.6.1.

Vergleiche	Veranschaulichung, Verweis auf ein bestimmtes charakteristisches Merkmal	„außerdem riecht er alt und verwest, so wie ein Buch, das zu lange im Regen auf dem Balkon lag und jetzt schimmelt" (S. 49) „Während er redet, reibt er sich die Hände und schabt mit den Fingernägeln über seine Handhaare, so, als ob er dort einen Ausschlag hätte." (S. 91)
Aufzählungen	Rhythmisierung	„sondern es ist geräumig und freundlich und hell" (S. 103)
Metaphern	Veranschaulichung, bildliche Sprache	„der erschlägt mich jedes Mal wieder" (S. 67) „Die rastet auch jedes Mal aus vor Freude, wenn ich mich wieder blicken lasse." (S. 130)
Ironie	Kritik, Umkehrung des Gesagten ins Gegenteil	„ehrenwerter Gast seiner schönen Stadt" (S. 68)
Wiederholungen	Verstärkung, Ausdruck emotionaler Betroffenheit	„Ich fühle mich Scheiße. Mein Gott, fühle ich mich Scheiße." (S. 108)

Darüber hinaus finden sich in der Sprache des Ich-Erzählers Merkmale oder Auffälligkeiten, die seine **Persönlichkeit kennzeichnen**, wie folgende Übersicht zeigt:

Sprachliches Mittel	Erklärung	Beispiel
Vielzahl der verwendeten Adjektive	Genauigkeit der Darstellung, häufig hinsichtlich äußerlicher oder bewertender Angaben	„So mit Cordoverall, hässlichen, dicken Turnschuhen, fettigen Haaren und Arbeiterkappe." (S. 74) „Varna war so billig, so vorhersehbar, so liberal-dämlich" (S. 76)
genaue Angaben der Farben	Blick für modische Details, Aussehen, Farbnuancen	„In Hamburg sind alle Mädchen barbourgrün" (S. 81) „Er trägt einen prunefarbenen Mantel, der im Licht merkwürdig changiert." (S. 30)
aggressive Wortwahl	Ausdruck des emotionalen Zustandes (Wut, Einsamkeit, Trauer etc.)	„dass es einfach nicht möglich war, sich ihre blöden Ideen anzuhören, ohne auszurasten und sie zu treten oder ihr zumindest aufs Maul hauen zu wollen" (S. 76)
olfaktorische Vorstellungen (Gerüche) und andere Sinneswahrnehmungen	häufig mit Erinnerungen oder Farben verbunden	„es gelingt mir einfach nicht, weil ich diesen Geruch in die Nase kriege, den Geruch von Bohnerwachs. Bei diesem Geruch muss ich immer an meine erste große Liebe denken" (S. 33) „Es riecht nach dieser durchsichtigen orangefarbenen Seife, Pear's heißt die, glaube ich." (S. 132 f.)

2.6.4 Dingsymbole und Leitmotive

Die Barbourjacke

Ein wichtiger Gegenstand für den Erzähler ist die Barbourjacke. Dieses teure Kleidungsstück der britischen Modefirma Barbour taucht immer wieder auf und wird genau dargestellt. So erfährt der Leser, dass sie das bevorzugte Kleidungsstück im Umfeld des Erzählers ist (vgl. S. 13, 81, 83), dass es sie in verschiedenen Farben gibt und welche Farbe der Erzähler bevorzugt (vgl. S. 13), dass er abgetragene Barbourjacken ablehnt (vgl. S. 14), ja sogar, dass sie ein Innenfutter hat (vgl. S. 68) und was sich alles in den Taschen seiner Jacke befindet bzw. wie viel sich in ihnen unterbringen lässt (vgl. S. 17, 52, 55). Die grüne Farbe seiner Jacke wird für den Erzähler zum Kennzeichen für eine ganze Stadt (Hamburg, vgl. S. 31) und einer bestimmten Menschengruppe (vgl. S. 30 f., 81 f., 127).
Im verunreinigten Zustand gefällt dem Erzähler seine Barbourjacke nicht mehr, und er verbrennt sie auf dem Flughafen. Dabei riecht sie „wie verbrannte Haare" (S. 68), bekommt also etwas Animalisches. Überraschenderweise stielt er dann die „völlig verwarzte grüne Barbourjacke" (S. 83) Alexanders, die noch dazu einen Fußball-Aufnäher hat. Die Jacke seines ehemaligen Freundes scheint jedoch für den Erzähler eine Art **Schutz** oder zweite Haut zu sein, denn sie ist „schön warm" (S. 84), er hüllt sich in sie ein. Durch das Abreißen des Aufnähers macht er sie endgültig zu seinem Eigentum (vgl. S. 95). Er trägt sie ständig, sie ist gleichsam ein Teil von ihm (vgl. S. 103). Nur flüchtig lässt er den Gedanken zu, dass die Jacke vermisst werden könnte. Ohne sie fühlt er sich schutzlos und friert (vgl. S. 160).

Statussymbol und Kultobjekt der „Generation Golf"

Die Jacke ist ein **Statussymbol**. Sie kennzeichnet die Zugehörigkeit zur Gruppe, der sich der Erzähler zuordnet, ist darüber hinaus aber gleichzeitig Schutz und **Ersatz für individuelle Persönlichkeitsmerkmale**. Viele Leser, die wie Kracht zur „**Generation Golf**" gehören, die also um 1970 geboren wurden und ihre Kindheit in den achtziger Jahren erlebten, rezipierten die Liebe des *Faserland*-Erzählers zu dem Objekt Barbourjacke positiv bzw. erkannten sich sogar oft in ihr wieder. Deutlich wird hier eine Identifikation mit der Gruppe der jungen Menschen, die Markenfetischismus und Konsumismus den moralischen und ethischen Werte der „68er"-Elterngeneration (wie z. B. politisches und gesellschaftliches Engagement) entgegensetzen, deutlich.[22] Für den 1971 geborenen Journalisten **Florian Illies**, der den Begriff „Generation Golf" prägte, ist die Barbourjacke nicht nur eines der zentralen Motive von *Faserland*, sondern ein **Kultobjekt seiner Generation:**

> *„Die Ernsthaftigkeit, mit der Kracht Markenprodukte einführte und als Fundamente des Lebens Anfang der 90er vor Augen führte, wirkte befreiend. Nicht nur ich, so durfte man endlich sagen, finde die Entscheidung zwischen einer grünen und einer blauen Barbourjacke schwieriger als die zwischen CDU und SPD. Es wirkte befreiend, dass man endlich den ganzen Bestand an Werten und Worten der 68er-Generation, den man als albern empfand, auch öffentlich albern nennen konnte. Dass ich das Buch von Kracht nur dadurch kennen lernte, dass ich meine Barbourjacke mit der einer blonden Heidelberger Kunstgeschichtsstudentin vertauscht hatte, nahm ich von Anfang an als gutes Zeichen. Als ich sie besuchte, um wieder an meine*

22 So geht der Erzähler nur deshalb auf Demonstrationen, weil er die gewaltsamen Zusammenstöße mit der Polizei genießt (vgl. S. 31 f.).

Jacke zu kommen, lag auf ihrem Nachttisch Faserland *und sie sagte lapidar: ‚Das muss man lesen, wenn man Barbourjacken vertauscht.' Sie hatte wahnsinnig recht."*[23]

Sehen und gesehen werden

Eng verknüpft mit dem Dingsymbol Barbourjacke ist das Leitmotiv „Sehen". Dabei geht es einerseits um den aktiven Vorgang, weitaus wichtiger aber ist der passive Zustand des Gesehenwerdens.

Auffällig ist der **Blick des Ich-Erzählers für Marken und Labels**.[24] So trinkt er z. B. nicht einfach Rotwein, sondern „vier kleine Flaschen **Ilbesheimer Herrlich**" (S. 25). Der Blick auf die Etiketten lenkt von der Auseinandersetzung mit den Menschen und der Beziehung zu ihnen ab und vermittelt darüber hinaus die Illusion von Differenzierung und Individualität sowie von Kennerschaft. So trifft der Erzähler auf der Party in Hamburg Anne, „die gestern noch auf Sylt war", und Jürgen Fischer, „der immer verdammt gut angezogen" ist. Dennoch kommt es nicht zu einem Gespräch:

Beziehungslosigkeit der Fig

> *„Ich kenne ihn nicht persönlich, nur so vom Sehen, aber die beiden* ***erkennen mich nicht****, oder sie* ***wollen mich nicht erkennen****, obwohl ich ja direkt vor ihnen stehe. Weil mir das peinlich ist, schenke ich mir ein Glas Prosecco ein und tue so, als ob ich mich für die Flasche interessieren würde, lese das Etikett, obwohl ja der Prosecco wirklich uninteressant ist und auch billig. Dann zünde ich mir eine Zigarette an (...)"* (alle S. 41[25]).

23 Illies, *Generation Golf*, S. 154 f. Dass bei Illies über die pubertär anmutende Ablehnung der 68er-Generation hinaus keine tiefer gehende Reflexion und Selbstkritik erfolgt, erscheint allerdings als Rückschritt gegenüber Krachts Position. Dieser stellt im Zusammenhang mit dem Statussymbol Barbourjacke zumindest die Leere und Vereinzelung der Konsumgesellschaft dar.

24 Vgl. hierzu die Auflistung der Markennamen in Kapitel 5.

25 Hervorhebungen in diesem und den folgenden Beispielen nicht im Original.

Obwohl der Erzähler genau auf sein Outfit achtet und stets um korrekte Kleidung bemüht ist, wird er ständig auch gerade von jenen Menschen **nicht wahrgenommen**, die er als Freunde oder langjährige Bekannte bezeichnet (Hannah, Rollo, Matthias Horx, Alexander etc.):

> *„Er [Alexander]* ***sieht mich nicht****. Er* ***sieht mich überhaupt nicht****, das muss man sich mal vorstellen. Er geht einfach an mir vorbei, obwohl ich direkt an der Bar auf dem blöden Barhocker sitze und ihn* ***anstarre****."* (S. 83)
> *„Er [Matthias Horx]* ***erkennt mich immer noch nicht****. Ich glaube, er* ***will mich nicht erkennen****."* (S. 87)
> *„Hannah* ***beachtet mich überhaupt nicht.****"* (S. 119)

Offen bleibt dabei, ob diese Menschen ihn absichtlich oder nur versehentlich ignorieren. Auf die fehlende oder ausbleibende Beachtung reagiert der Erzähler meist mit dem Gefühl der Peinlichkeit (vgl. S. 41). Interessant ist, dass ausgerechnet das hektische **Flattern mit den Augenlidern** (vgl. S. 120) bei anderen Menschen vom Erzähler als Zeichen für inneren Druck angesehen wird. Dennoch wird auch dieses Anzeichen ignoriert. Der Erzähler selbst entwirft Vorstellungen und innere Bilder, indem er „die Augen zusammenkneif(t)" (S. 122), oder aber er verdrängt negative Erinnerungsbilder z. B. von „Nigel mit der Nadel im Arm, mit den **leeren Augen**" (S. 131). Betäubung durch Drogen hilft dabei, Unangenehmes nicht sehen zu müssen („meine Augen drehen sich immer wie von selbst weg", S. 28).
Detailbesessen beobachtet der Erzähler Menschen in allen möglichen Lebenslagen und registriert aufmerksam, welche Kleidung sie tragen, entwickelt aber keine Beziehung zu ihnen. Das Gleiche gilt für die eigene Person. Während das Äußere, die Hülle aufmerksam beobachtet wird (vgl. S. 77 f.), lässt er

einen Blick auf sein nacktes Ich nicht zu: „Ich steige aus der Wanne (...) und versuche, dabei **nicht in den Spiegel zu sehen**" (S. 78). Bezeichnend ist die eingeschränkte Wahrnehmung des Ichs beim Blick in den Spiegel:

> *„Ich ziehe das weiße Hemd an und binde mir die Krawatte um, sorgfältiger als sonst, mit einem Windsor-Knoten. / Ich ziehe den Knoten fest, mit beiden Händen, und sehe dabei in mein Gesicht im Spiegel. Ich sehe nicht wirklich hin, nur so an die Ränder. (...) Die Mitte von meinem Gesicht, die will ich gar nicht mehr sehen, nur noch die Umrisse. Das geht natürlich nur, wenn man dabei die* ***Augen zukneift****, dann wird es so, dass* ***die Mitte verschwindet****."* (S. 133)

Auf diese Weise wird dem Leser eine Welt präsentiert,

- die primär aus Markenlabels besteht,
- die zwischen „richtiger" oder „falscher" Kleidung unterscheidet, mit entsprechenden Reaktionen auf die Träger derselben,
- in der nur die (schöne) Oberfläche, der Schein zählt,
- in der Identität und Individualität nur noch ersatzweise über Markenartikel simuliert wird,
- in der der Mensch nur noch als Konsument am Ende einer Kette marktwirtschaftlicher Gesetze seinen Platz hat,
- in der der individuelle Mensch mit seinen Charakteristika, seine Stärken und Schwächen nicht wahrgenommen wird,
- in der der Blick auf das eigene Innere konsequent und angstvoll vermieden wird.

Dies führt zur Vereinzelung, Einsamkeit und Selbstzerstörung.

Zigarettenrauchen

Neben den spektakulären Darstellungen von illegalem Drogenkonsum wird auch der ständige Konsum legaler Drogen dargestellt. Außer Alkohol spielt vor allem das Rauchen für den Erzähler eine große Rolle. Ständig konstatiert der Erzähler, dass er raucht.[26] Rauchen gehört zu seinem selbstverständlichen Verhalten und wird nur ganz kurz, am Ende des Romans, als Suchtverhalten erkannt. Der flüchtige Vorsatz, das Rauchen aufzugeben, wird schon nach zehn Minuten wieder verworfen (vgl. S. 153). Rauchen ist für den Erzähler in verschiedener Hinsicht ein Ersatz (für Essen, Liebe, Aufmerksamkeit) und hilft, Unsicherheit und das Gefühl der Bedrohung zu überspielen: „Ich weiß nicht, wohin mit meinen Händen, also zünde ich mir eine Zigarette an." (S. 130, vgl. auch S. 108)

26 Vgl. z. B. S. 28, 36, 41, 42, 49, 52, 56, 60, 61, 65, 68, 77, 81, 94, 96, 98, 104.

2.7 Interpretationsansätze

2.7.1 Die Frage nach der Identität

Ein wesentliches Thema des Romans ist die vergebliche Suche des Helden nach Identität sowie Selbstbestätigung und -verwirklichung. Der Erzähler leidet an dem für die Literatur des ausgehenden 20. Jahrhunderts typischen „**Widerspruch zwischen dem Kult der Individualität und der Sehnsucht nach Gemeinschaft**"[27]. Typisch für die Gegenwart ist, dass die sozialen Klassen und Schichten, die einst für die Ausbildung von Identität zuständig waren, abgelöst wurden durch diffuse Milieus. Diese Milieus sind vorwiegend durch Lebensstile geprägt und weniger durch Einkommen, Macht, Werte oder Bildung. Christian Krachts Roman *Faserland* richtet sich ebenso wie andere Werke der Popliteratur primär an jüngere Leser mit einem gesteigerten Bedürfnis nach **Individualisierung** einerseits und der prägenden Erfahrung andererseits, in ihrem Alltagsleben beständig **zwischen verschiedenen, einander teils entgegengesetzten Milieus surfen zu müssen**. Diese Art von Literatur präsentiert die Lebensstile eines bestimmten Milieus, d. h., sie bildet hyperrealistisch deren „Bekleidungs-, Ernährungs- und Liebesrituale"[28] ab, wie es auch ein Ethnologe tun würde.

durch Lebensstile geprägte Milieus

Später sieht sich der Einzelne der Forderung nach möglichst individuellem Kleidungs- und Lebensstil ausgesetzt. Zugleich aber soll er den Erwartungen der Gruppe entsprechen, erlebt also den Druck zur Anpassung. Paradoxerweise hängt die Wertschätzung der Anderen davon ab, wie unangepasst und

27 Jung, *Alles nur Pop?*, S. 145. Hervorhebung nicht im Original.
28 Bogdal, S. 22.

eigenwillig jemand ist oder sich gibt. Dieses Dilemma kann nur gelöst werden, indem man sich ins bunte Nebeneinander verschiedenster Gruppen, Grüppchen und sozialer Rollen begibt und dabei die Gruppen- und Identifikationsmerkmale derselben erkennt und ggfs. übernimmt. Die Identität eines Menschen bestimmt sich demnach durch die Art und Vielzahl der Rollen, die man im Laufe seiner Entwicklung zu übernehmen erlernt hat. Der Roman *Faserland* führt vor Augen, wie schwer es ist, bei der wachsenden Anzahl der Lebensentwürfe und Rollenmuster, unter denen der Einzelne in der immer komplexer werdenden Gesellschaft zu wählen hat, eine ganzheitliche Identität auszubilden.

Gruppen und ihre Identifikationsmerkmale

Sein ehemaliger Freund **Alexander** ist jemand, der dem Ich-Erzähler vorlebt, wie diese Auswahl zwischen verschiedensten Rollen und Sinnangeboten zu einer Art Patchwork[29] aussehen kann, auch wenn ein solches Auswählen die Entwicklung einer kohärenten und für das Gegenüber fassbaren Persönlichkeit erschwert.[30] Für den Erzähler erscheint Alexander mal als mittelalterliche Persönlichkeit und mal als Besitzer einer Jacht, mal als Haschisch-Konsument und mal als proletenhafter Eintracht Frankfurt-Fan, mal als afghanischer Kämpfer und mal als Hippie in Indien. All diese Identitätsbestandteile sind nur vorübergehend existent, durch wechselnde Orte und Bekanntschaften geprägt und an Äußerlichkeiten wie Kleidung, Haltung oder Gegenständen erkennbar. Bestimmte Identitätssymbole auf der Oberfläche präsentieren Alexander jeweils als Mitglied einer bestimmten Gruppe. Dadurch ergibt sich für den Erzähler lediglich ein Bild „in Einzelteilen, da fügt sich

29 Vgl. dazu Keupp.

30 Vgl. S. 69: „Während wir durch Frankfurt fahren, versuche ich, mir Alexanders Gesicht vorzustellen, aber es gelingt mir nicht so richtig."

nichts zusammen, es ergibt kein Ganzes" (S. 69). Er versteht Alexander ebenso wenig wie Nigel (vgl. S. 72) und reagiert auf die ausbleibende Kommunikation mit Trauer und Trotz. So fragmentarisch und widersprüchlich wie Alexander dem Erzähler erscheint, so wirkt freilich letztlich auch der Erzähler auf den Leser des Romans (vgl. Kapitel 2.4).

Zu jemandem und einer bestimmten Gruppe zu gehören ist dennoch unabdingbar wichtig für den einzelnen Menschen. Das wiederum wird u. a. an **Varna** demonstriert, der Freundin Alexanders, die von Seiten des Erzählers für die Entfremdung der Freunde verantwortlich gemacht wird. Wegen ihres ungewöhnlichen Namens und der Herkunft („Zonen-Eltern", S. 75) wird Varna im Westen ausgegrenzt und unternimmt fortan alles, um in einem bestimmten Milieu dazuzugehören und beliebt zu sein. Deshalb geht sie beispielsweise „auf Vernissagen und in Szenekneipen und so" (S. 75) oder trägt ein akzeptiertes Outfit, spricht über gängige Themen. Auch **Rollo** sucht die Nähe zu Freunden. Er ist nach Meinung des Erzählers durch Elternhaus und Schule geschädigt (vgl. S. 127) und zum depressiven Einzelgänger geworden. Die Leute, mit denen er sich umgibt, „diese gut angezogenen, schönen Menschen, das sind ganz und gar nicht seine Freunde" (S. 144). Die Reichen und Schönen, über die sich der Erzähler hier abfällig äußert, die Häuser oder Wohnungen in bestimmten Lagen haben und sich Champagner von Model-Kellnern servieren lassen, haben in der Darstellung des Romans kein Interesse an Beziehungen, in denen über Persönliches und nicht nur über Äußerlichkeiten kommuniziert wird.

Bedürfnis nach Selbstverwirklichung

Aus Sicht der Psychologie allerdings ist das Bedürfnis nach Selbstverwirklichung anderen Bedürfnissen nachgeordnet. Elementar sind die Bedürfnisse nach Essen, Schlaf und Sicherheit, gefolgt von der Befriedigung des Verlangens nach Akzeptanz und Liebe. Wenn diese ersten Bedürfnisse erfüllt sind, „kann er [der Mensch] damit beginnen, durch eigene Aktivitäten und Leistungen Respekt und Anerkennung zu erlangen"[31]. Betrachtet man Krachts Ich-Erzähler, muss man feststellen: Er verfügt zwar über immense finanzielle Mittel, ignoriert aber seine Grundbedürfnisse. So werden Hungergefühle durch Rauchen und Alkohol verdeckt. Er schläft an allen möglichen Orten erschöpft ein, auf der Zugtoilette, in der Badewanne, findet aber nirgends Ruhe und Erholung. Unsicherheit zeichnet sein Verhalten aus.[32] Auch Akzeptanz und Liebe beim anderen Geschlecht findet er nicht: „Während wir vorbeigehen, Richtung Küche, sehe ich aus dem Augenwinkel, wie eins der Mädchen die Augen nach oben verdreht, und obwohl mir sowas normalerweise nichts ausmacht, bin ich doch etwas gekränkt." (S. 40)[33] Erfährt er doch einmal durch ein Mädchen eine Geste der Zuneigung, wird diese nicht als solche anerkannt: „(…) einerseits macht mir das Spaß, wie sie mir durch die Haare fährt, und andererseits ist das nur wie gespielt." (S. 43) Als auch die vermeintlichen Freunde der Reihe nach verloren gehen, bricht der Erzähler zusammen: „Ich habe das Gefühl, als würde ich innerlich vollkommen ausrasten, als ob ich völlig den Halt verliere. So, als ob es gar kein Zentrum mehr gäbe." (S. 109) Das abhanden gekommene Zentrum ist das fehlende Identitätsgefühl. In dieser Situation ist er auch nicht mehr in der Lage, anderen helfen zu können. Er ignoriert alle Warnzeichen, dass Rollo sich umbringen könnte, und flieht aus der ihm unangenehmen oder bedrohlichen Situation, lässt also den Freund ebenso im Stich wie die anderen Partygäste.

31 Mietzel, S. 330.

32 Vgl. hierzu die Ausführungen in Kapitel 2.4.

33 Er ist ebenfalls nicht bereit, anderen Akzeptanz und Anerkennung auch unabhängig von ihrem äußeren Erscheinen entgegenzubringen (vgl. S. 134).

Florian Illies konstatiert: „Die große Toleranz unserer Generation hat zu einer völligen Auflösung von alten Sicherheiten und Codes geführt."[34] Der Ich-Erzähler und die ihn umgebenden Personen sind dieser Welt ohne Gewissheiten nicht gewachsen. Sie befinden sich in einem Teufelskreis, weil durch die Identifikation allein mit Markenartikeln und das Überbewerten von Äußerlichkeiten emotionale Stabilität und echtes Identitäts- und Selbstwertgefühl verloren gehen bzw. gar nicht erst entstehen können. Die Sinnsuche endet wieder bei der Oberfläche und führt nicht zum befriedigenden Ziel.

2.7.2 Zwischenmenschliche Beziehungen und Kommunikation

Für den Erzähler typisch ist seine Einsamkeit. Obwohl er ständig unter Menschen ist, hat er keinen, dem er sich anvertrauen kann und der ihm ein Freund ist. Sein Urteil über andere Menschen macht er von Äußerlichkeiten abhängig: „(...) es ist wirklich so wahnsinnig schwierig, ordentliche Menschen kennen zu lernen. Eugen hat ja ein gutes Jackett an, und er hat seinen Pullover um die Hüften gebunden, und er hat weiße Zähne." (S. 100) Damit ist die Enttäuschung vorprogrammiert. Der Erzähler hat wohl eine angemessene Vorstellung davon, was einen wirklichen Freund auszeichnet (vgl. S. 144 f.), kann diesen Anforderungen selbst aber, wenn es darauf ankommt, nicht gerecht werden. Die Leute, denen er an den verschiedenen Orten zum Teil wiederholt begegnet, spielen Rollen und weichen in Rituale aus. So reagiert der Erzähler auch mit Skepsis, wenn jemand ohne Grund „unheimlich freundlich" (S. 103) zu ihm ist – und dies mit Recht, wie sich später herausstellt. Niemanden

überall Rollen und Rituale

34 Illies, S. 186.

zu kennen und von niemandem Bestätigung zu erfahren (vgl. S. 102 f.), ist aber schwer zu ertragen. Deshalb spielt auch der Erzähler nur seine Rollen, etwa beim Flirten auf einer Party (vgl. S. 104 f.). Dabei ist ihm diese Art der Kontaktaufnahme eigentlich peinlich. Aus diesem Grund spricht er auch abwertend und arrogant von seinen Flirtpartnerinnen. Nadja z. B. ist für ihn „nett, gerade weil sie auf eine erfrischende Art dumm ist." (S. 104 f.) Das prickelnde Flirt-Gefühl erinnert ihn gar an den Besuch eines Pissoirs (vgl. S. 82 f.). Sexualität wird ein „alltägliches Element der Beziehungen und nichts mehr, was mit großen Gefühlen verbunden ist"[35]. In dem Milieu, in dem sich der Erzähler bewegt, werden die verschiedensten Erscheinungsformen und Spielarten von sexuellen Beziehungen praktiziert (Homosexualität, Heterosexualität mit wechselnden, z. T. im Alter stark differierenden Partnern, Gruppensex etc.); deutlich tritt dabei die Funktionalisierung der Sexualität für außeremotionale Zwecke hervor: Von *Liebes*beziehungen kann hier keine Rede mehr sein.

Selbst spontane und zufällige Kontakte zu anderen Menschen kommen nicht zustande. Auf seiner Reise durch Deutschland findet der Erzähler immer neue Ausreden, warum er trotz eines inneren Bedürfnisses nicht mit seinen Mitmenschen (Taxifahrer, Hotelangestellte, Bedienstete, ältere Dame im Flugzeug, Zugbegleiter, Kneipenbesucher) kommuniziert, sondern schweigt, in der Ecke sitzt und beobachtet und sich lieber Gespräche und Erlebnisse anderer ausdenkt (vgl. z. B. S. 86, 91). Zwar konstatiert er bei seinem Freund Nigel, dass dieser „nicht kommunikationsfähig" sei, und vermutet, dass Nigel deshalb Partys mag, „weil das so rechtsfreie Räume sind, wo er funktionieren kann, ohne kommunizieren zu müssen." (S. 38) Diese Einsicht wendet der Erzähler jedoch nicht auf sich selbst an. Die Sprache des Er-

35 Kyora, S. 33.

zählers spiegelt seine Unfähigkeit wider, seine Mitmenschen als Individuen zu erleben (beispielsweise durch die Verwendung der Indefinitpronomen, vgl. Kapitel 2.6).

2.7.3 Einordnung des Romans in die Postmoderne

1) Popliteratur

„Popliteratur ist Literatur, die sich der Massen und Alltagskultur öffnet und damit die Idee einer guten und wahren bürgerlichen Hochkultur in Frage stellt. Ihre Inhalte und Formen haben sich im Laufe der Zeit gewandelt, von einer Literatur gesellschaftlicher Außenseiter ist Popliteratur zu einem Etikett der Unterhaltungsindustrie geworden."[36]

‚Pop' bezieht sich dabei

- auf das Wort ‚populär', d. h. beliebt, in der Öffentlichkeit, von einer breiten Masse akzeptiert.
- auf den Laut ‚pop' im Sinne von ‚Knall', ‚Zusammenstoß' und drückt damit eher Ausbruch, Widerstand aus.

Merkmale von Popliteratur

Folgende Merkmale von Popliteratur sind auch in Krachts Roman *Faserland* zu finden:

- Zitate aus Musiktiteln und Ausdruck von Emotionen durch Hinweise auf Musiktitel
- Episoden der autobiografischen Erfahrung
- Darstellung banaler Alltagserlebnisse
- Orientierung von Sprachstil und Schreibweise an Umgangssprache, Vulgärsprache, Markenjargon, Pop-Musik

36 Ernst, S. 9.

- Verstöße gegen Political Correctness, Tabus und Normen der Elterngeneration
- nonchalanter Umgang mit der Geschichte (z. B. NS-Vergangenheit)
- pauschale Kritik an Erwachsenen
- Oberflächenkult, Gegenwartskultur
- Musik, Mode und Lifestyle im Zentrum, Anführung von Markennamen
- Übernahme von Wahrnehmungsmustern aus Medien, v. a. Fernsehen (z. B. Realityshows, Soaps, Talkshows etc.), hinsichtlich der Kürze und Überschaubarkeit der Episoden, des Stils und unterhaltsamen Tons, des „Samplings" von Textteilen
- Themen: Einsamkeit, Entfremdung, Sexualität, Liebesverlust, Gewalt, Musik, Szenelokale, Drogenkonsum, z. T. narrativ verknüpft mit Reisebeschreibungen
- Ich-Erzähler im Zentrum der Wahrnehmung (Subjektivismus)
- an jüngere Leserschaft gerichtet

Für die Popliteratur der neunziger Jahre kommentiert Thomas Jung:

> *„Popliteratur nimmt die Themen der Populärkultur der Gegenwart, aber auch der jüngeren Geschichte der Populärkultur auf, so sie für Autor und Leser als gemeinsame bzw. kollektive Sozialisationserfahrung wahrnehmbar ist. Dabei standen zunächst Alltagserfahrungen und Lebensweisen von gesellschaftlichen Randgruppen in urbanen Ballungszentren, die nicht mit der etabliert bürgerlichen Gesellschaft konform gehen (wollen), im Mittelpunkt der literarisierten Reflexionen. In jüngerer Zeit verschiebt sich allerdings das Image des Textproduzenten vom*

sozialen Außenseiter hin zu einem gesellschaftlich angepassten, mediengerecht auftretenden Typus von Literaten, der in anderen sozialen Kontexten genauso gut als erfolgreicher, telegener Jungunternehmer, Rechtsanwalt oder Talkshowmaster auftreten könnte. / Den Autoren der neunziger Jahre geht es um den Versuch, die individuellen und gleichsam kollektiv- bzw. generationsbildend wirkenden Erfahrungsinhalte der Waren- und Medienwelt zu beschreiben. Dass sich die angestrebte Individualität nur mehr aus der Kollektivität des Produktbewusstseins und ihrer wirkungsvollen Vermarktung konstituiert, wird selten reflektiert."[37]

2) postmoderner Roman

In der zweiten Hälfte des 20. Jahrhunderts entsteht mit der Postmoderne eine Stilrichtung, die kritisch die Trennung zwischen Unterhaltung und elitärer Kunst in den Blick nimmt. Ihre Blütezeit in Deutschland sind die 80er und 90er Jahre. Postmoderne basiert auf den Erfahrungen der globalisierten Welt, der Konsumorientierung, der Wichtigkeit der Medien, des Sinn- und Realitätsverlustes und der Subjektivität der Perspektive. Sie lehnt das Innovationsstreben ab und spielt stattdessen mit Stilen und Genres. Alles verfügbare sprachliche und inhaltliche Material wird potenziell nutzbar. Stilpluralität, die Einbeziehung trivialer und aus der Massenkultur stammender Elemente, Doppel- und Mehrfachkodierungen und intertextuelle Referenzen werden zum Zeichen der Postmoderne. Die hier hervorgebrachte Literatur spielt mit dem Wissen des Lesers, spricht aber auf den unterschiedlichen Ebenen eine außerordentlich heterogene Leserschaft an.

37 Jung, *Vom Pop international zur Tristesse Royal*, S. 40.

Postmoderne nimmt die Erfahrung auf, dass der Einzelne seinen Platz in der Welt nicht mehr findet, sondern auf der Suche nach Rollen und Lebensentwürfen durch die Welt irrt. Die Welt ist zu pluralistisch und unüberschaubar für den Einzelnen, sodass es nicht mehr möglich scheint, Realität zu erfassen und eine allgemein gültige Wahrheit darzustellen. In einer Welt der Oberflächen und des Scheins verlieren Zeichen ihren Bezug zum Bezeichneten. Diese Erkenntnis hat Auswirkungen auf die Beziehung zwischen Werk, Autor und Leser: Der Leser wird mit seinen Erfahrungen einbezogen und zum Ko-Autor, andere literarische Kunstwerke werden direkt oder indirekt einbezogen, Ironie und Subjektivität der Perspektive bestimmen das Werk.
Aufgrund folgender Merkmale kann der Roman *Faserland* der Postmoderne zugeordnet werden:

Beziehungslosigkeit der Figuren	
Unfähigkeit zur Kommunikation	• kein Zuhören (vgl. S. 14) • kein Interesse am Gesprächspartner (vgl. S. 15) • kein Gesprächsstoff (vgl. S. 18 f.) • keiner hört auf den anderen, erwartet dies aber vom Gegenüber (vgl. S. 19, 23) • Gespräche werden vermieden (vgl. S. 31)
Subjektivität der Perspektive	
Helden auf vergeblicher Suche	
undurchschaubare Wirklichkeit, Sinnverlust	

intertextuelle Referenzen

Aufhebung der Trennung zwischen Hochkultur und Unterhaltungskultur

3) Anti-Entwicklungsroman

Der Entwicklungsroman ist ein „Roman, der in sehr bewusster und sinnvoller Komposition und chronolog. Aufbau den inneren und äußeren Werdegang e. jungen Menschen von den Anfängen bis zu e. gewissen Reifung (oder, im negativen E., Deformation) der Persönlichkeit mit psychol. Folgerichtigkeit verfolgt und die Ausbildung vorhandener Anlagen in der dauernden Auseinandersetzung mit den Umwelteinflüssen in breitem kulturellen Rahmen darstellt."[38] Typisch ist die Subjektivität der Perspektive mit meist stark autobiografischem Charakter.
Ein Blick auf klassische Entwicklungsromane wie Goethes *Wilhelm Meisters Lehrjahre* (1796) oder Gottfried Kellers *Der grüne Heinrich* (1854/55; 2. Fassung 1879/80) zeigt, dass Krachts Roman *Faserland* das Entwicklungsschema auf den Kopf stellt. Während sich im klassischen Entwicklungsroman der Held durch sein Streben und Irren hin zu einer gewissen Vollkommenheit entwickelt, wird bei Kracht eine Entwicklungsmöglichkeit negiert. In *Faserland* herrschen Passivität und Stagnation. Die Auseinandersetzung mit der Umwelt und der eigenen Person, mit Kultur und anderen möglichen Faktoren der Ausbildung und Entwicklung der Persönlichkeit wird vermieden (Ausnahme: deutsche Geschichte, NS-Vergangenheit). Der Roman beschreibt eher im Gegenteil Dekonstruktion, Zerstörung, den völligen Verlust und das Sichverlieren in einem „Faserland". Dies legt

Passivität und Stagnation

38 Gero v. Wilpert: *Sachwörterbuch der Literatur*. Stuttgart: Kröner, 8. verb. u. erw. Aufl. 2001, S. 215.

den Gedanken nahe, dass die Unmöglichkeit einer Entwicklung unter den gegebenen Umständen vermittelt werden soll.

4) Roman der Abschiede

Inhaltlich liest sich der Roman als ein Roman der Abschiede. Dieser erfolgt in verschiedener Hinsicht:

- Abschied von der Jugend und der damit verbundenen Naivität
- Abschied von Illusionen und Zielsetzungen
- Abschied von Personen (Nigel, Alexander, Rollo)
- Abschied von Deutschland

2.7.4 Die Verarbeitung der NS-Zeit in der Gegenwartsliteratur

drei große Phasen der Verarbeitung

Die Literaturkritik und -geschichte beschreibt drei Phasen der Verarbeitung des Nationalsozialismus und seiner Folgen.[39] Diese drei Phasen werden üblicherweise den **„Tätern" und Zeitgenossen** (Trümmer- und Nachkriegsliteratur), **deren Kindern** (sechziger Jahre) **und der Enkelgeneration** (neunziger Jahre) zugeordnet. Gerade in diesem letzten Zeitraum, dem ausgehenden 20. Jahrhundert und darüber hinaus, entwickeln sich, da die vorangehenden Autorengenerationen weiter produktiv sind, sehr verschiedene Formen des Umgangs mit der deutschen Vergangenheit nebeneinander.

39 Vgl. hierzu auch Magret Möckel: *Erläuterungen zu Bernhard Schlink*, Der Vorleser, Hollfeld: Bange, 4. Aufl. 2006, S. 13 ff.

1. Da ist einerseits **die Literatur der „verbrannten Kinder"**[40], wie Günter Grass sie 1999 in seiner Nobelvorlesung nennt. Gemeint ist die Generation derjenigen, die im Kindesalter noch selbst den Nationalsozialismus miterlebten und nun im Alter mit dem Abstand der Jahre und unter Einbeziehung der Gegenwart diese Zeit reflektieren und literarisch aufarbeiten. Hier entstehen Texte wie **Grass' Novelle *Im Krebsgang*** (2002).
2. Da ist die **Literatur der um oder nach 1945 Geborenen**, die aus ihrer Perspektive noch einmal die Schuldfrage stellen und sich mit den Tätern auseinandersetzen. **Bernhard Schlinks Roman *Der Vorleser*** (1995) steht stellvertretend für diese Texte. In ihm begegnet der Protagonist Michael seiner früheren Geliebten als angeklagte KZ-Aufseherin wieder. Eine wichtige Erkenntnis des Romans ist, dass Schuld in der einen oder anderen Form unabdingbar zum Menschsein gehört.
3. Andere Autoren richten dagegen heute den **Blick** wieder verstärkt **auf die Opfer**. **W. G. Sebalds Prosawerk *Die Ausgewanderten*** (1992) behandelt beispielsweise das Schicksal von jüdischen Flüchtlingen und die fortdauernden Auswirkungen der Emigration auf Sprache und Lebensgefühl.
4. Mit Romanen wie **Marcel Beyers *Flughunde*** (1996) erscheinen in den neunziger Jahren Texte zur NS-Zeit von einer **Generation von Autoren, die** – Mitte der sechziger Jahre und später geboren – **diese Zeit nicht aus eigener Anschauung kennen**. Sie sind auch nicht an einer dokumentarischen Aufarbeitung dieser Zeit interessiert. Mit ihren Texten markieren sie das Ende der Nachkriegszeit. In

40 Vgl. http://nobelprize.org/nobel_prizes/literature/laureates/1999/lecture-g.html [Stand: April 2007].

Flughunde ist die Ich-Figur, der Akustiker Hermann Karnau, der „spezifischen historischen Bedingungen"[41] enthoben, die sein akustisches Interesse kennzeichnen; die Zeit wird primär von ihrer ästhetischen Faszination für nachgeborene Generationen her begriffen.

5. Romane wie ***Vaterspiel*** (2000) von **Josef Haslinger** oder ***Vienna*** (2005) von **Eva Menasse** gehen dagegen den Abgründen im Privaten, den **Verschlingungen von Familien- und Nachkriegsgeschichte** nach. Hier wird die Auseinandersetzung mit der Familie bzw. der Verlust von Familienbindung und die Erfahrung von Antisemitismus auf dem Hintergrund der Geschichte und ihrer Konsequenzen für die nachfolgenden Generationen beschrieben.
6. In vielen Texten **jüngerer Autoren fehlt jene persönliche Motivation der Auseinandersetzung mit der NS-Ära**, wie sie so unterschiedliche Autoren wie Grass, Schlink oder Sebald verbindet. Allerdings begegnen sie in der Gegenwart ungewollt Spuren der NS-Zeit und werden in Umstände verwickelt, die mit der Vergangenheit verknüpft sind. **Thomas Hettches Roman *Woraus wir gemacht sind*** (2006) ist hier zu nennen oder eben auch **Krachts *Faserland*.**

Popliteratur zeichnet sich allgemein durch eine indifferente Haltung zur Geschichte aus. Die Helden leben unmittelbar in ihrer Gegenwart und resümieren oder reflektieren in der Regel lediglich den Teil der jüngeren deutschen Geschichte, der ihnen persönlich aus Kindheitstagen vertraut ist. Exakte Kenntnisse und ein Bemühen um differenzierte Auseinandersetzung mit dem Nationalsozialismus sind in Werken der Popliteratur in der Regel nicht zu finden.

41 Braese, S. 104.

Auch der Ich-Erzähler in ***Faserland*** lebt überwiegend im Hier und Jetzt. Dennoch – und das hebt Krachts Roman von anderen Werken der Popliteratur ab – ist Geschichte entweder in ihren Auswirkungen oder als reales Überbleibsel beständig präsent oder aber sie regt die Fantasie des Erzählers an. Dunkel erinnert er sich, wie er als kleiner Junge im Urlaub auf Sylt „in den letzten deutschen Bunkern" (S. 18) gespielt hat. Dazu fallen ihm Anekdoten ein, die er irgendwo gehört oder gelesen hat, über „den dicken Göring (...), wie der beim Pinkeln in den Dünen seinen blöden Dolch verloren hat" (S. 18). Genauso nimmt er das heutige Stadtbild von Hamburg oder Heidelberg vor dem Hintergrund der Zerstörungen im Zweiten Weltkrieg durch den Luftkrieg wahr (vgl. S. 31, 88). Älteren Personen, die ihm begegnen, dichtet er eine Vergangenheit in der NS-Zeit an, glaubt in ihnen den ehemaligen Soldaten oder KZ-Aufseher zu erkennen (vgl. S. 91, 97). Seine Vorurteile machen aus älteren Deutschen „komplette Nazis" (S. 96), und der Taxifahrer ist „natürlich ein ziemlicher Faschist, (...) ein armes dummes Nazischwein" (S. 39). Politisch unkorrekt wird ein vermeintlicher „Betriebsratsvorsitzender" als „SPD-Nazi" (S. 55) beschimpft. Sobald (auch berechtigte) Kritik am eigenen Verhalten erfolgt, etwa dass der Ich-Erzähler in der Nichtraucherzone raucht, wird das Gegenüber als Faschist diffamiert (vgl. S. 60). Das diffuse Unbehagen des Erzählers an Deutschland und seinen Menschen wird pauschal und plakativ begründet mit der unbewältigten Nazivergangenheit (vgl. S. 72). Er entwickelt eine romantische Sehnsucht nach einem Land, das nicht „hässlich und grau" (S. 88) ist, sondern warm, weltoffen, frühlingshaft. Wie ungeschichtlich diese Sehnsucht angesetzt ist, zeigt die Manifestierung dieser Sehnsucht am Beispiel des Heidelberger Bahnhofs aus den fünfziger Jahren und an

deutsche Geschichte in *Faserland* beständig präsent

dem Wort „Neckarauen", das assoziativ das Gegenbild zu dem vom Erzähler erlebten Deutschland heraufbeschwört: „Neckarauen. Das macht einen ganz kirre im Kopf, das Wort. So könnte Deutschland sein, wenn es keinen Krieg gegeben hätte und wenn die Juden nicht vergast worden wären. Dann wäre Deutschland wie das Wort Neckarauen." (S. 88)

2.7.5 Deutschland – Vaterland – Faserland

Trotz aller Oberflächlichkeit und Arroganz, die der Erzähler an den Tag legt, wäre es falsch, ihm jede Berechtigung zur Kritik abzusprechen. Die Reise von Nord nach Süd führt vorwiegend zu öffentlichen Orten (Bahnhöfen, Kneipen, Hotels, Discos, Flughäfen, Autobahnen), und der Erzähler beobachtet teilweise sehr genau. Im Laufe seiner Reise werden eine Vielzahl von Missständen und Problemen wahrgenommen. Der Roman kritisiert unverhohlen das Deutschland der achtziger und neunziger Jahre.

unverhohlene Kritik an Deutschland

Dies bezieht sich unter anderem auf die Art, wie es sich nach außen präsentiert. Der Frankfurter Flughafen wird als Aushängeschild für den „Industriestandort Deutschland" gesehen, in dem den ankommenden Geschäftsleuten einiges „vorgegaukelt" wird, „so eine große Welt, die im Innersten von Mannesmann und Brown Boveri und Siemens zusammengehalten wird, weil ja überall diese hintergrundbeleuchteten Reklameschilder hängen" (S. 67). Bei genauerem Hinsehen entpuppt sich dieser großartige Standort aber für den Erzähler als provinziell und kleinkariert. Dass er ausgerechnet an diesem Platz seine Barbourjacke verbrennt, auf die er dann aber doch nicht verzichten kann, hat symbolischen Gehalt.

Am Beispiel verfehlter Politik und Bauplanung („Draußen rauscht Frankfurt vorbei. Die Hochhäuser und der Messeturm, wo ja niemand drinnen ist, weil niemand die Mieten bezahlen kann", S. 72), der Kritik am Kunstbetrieb (vgl. S. 74) und der Dekadenz des Westteils gegenüber den neuen Bundesländern (vgl. S. 110), der Darstellung der inneren Leere der Konsumgesellschaft und der Reichen (vgl. S. 126) und Sprachkritik („Abkürzungswahn", S. 37) konstatiert der Erzähler negative Seiten Deutschlands und der Deutschen.

Durch die Augen des Erzählers begegnet dem Leser eine bunte Mischung von Vertretern der Gegenwart: der Austern schlürfende „Understatement-West-Mensch" (S. 110), „Hippies in bestickten Lammfellwestchen" (S. 112 f.), Trendforscher (vgl. S. 86), Models (vgl. S. 42, 135), homosexuelle Verbindungsstudenten (vgl. S. 105), Drogenabhängige (vgl. S. 108 f.), Alkohol- und Tablettensüchtige (vgl. S. 144); Reiche, die bei indischen Gurus Lebenssinn suchen (vgl. S. 126 f.), den „Kellnern (...), den Studenten, den Taxifahrern, den Nazis, den Rentnern, den Schwulen, den Bausparvertrags-Abschließern, (...) den Werbern, den DJs, den Ecstasy-Dealern, den Obdachlosen, den Fußballspielern und den Rechtsanwälten" (S. 158 f.) und vielen mehr.

Der Erzähler findet sich nicht zurecht und leidet in einer Welt der Gegensätze und Brüche. Er rechnet mit der ehemals so kritischen 68er-Generation ab, die ihre hehren Ziele und Ideale inzwischen gegen die Reihenhausidylle und einen Mittelklassewagen eingetauscht hat. Er entwickelt einen „Hass gegen das Land, in dem alle diese Menschen nebeneinander herleben – Deutschland, Vaterland, Faserland"[42]. Die Sehnsucht nach einem festen „Platz in der Welt" (S. 143), nach „Stillsein" (S. 143), nach

Abrechnung mit 68er-Generation

42 Hüetlin.

Geborgenheit (vgl. S. 157 f.) wird übergroß. An die Stelle des oberflächlichen Geschwätzes tritt zumindest momentweise der Wunsch nach Erhabenheit (vgl. S. 57) und Einfachheit. Bezeichnenderweise endet die Reise außerhalb Deutschlands auf der Suche nach dem Grab Thomas Manns, allein in der Stille der Natur auf dem Zürichsee. Doch obwohl der emotionale Zustand des Erzählers zu körperlichen Reaktionen wie Zittern, unkontrolliertem Weinen (vgl. S. 52), Erbrechen und Ohnmacht führt, verharrt er in seiner Passivität. Er flüchtet in Kommerz, in Rausch und Wegsehen, denn er will sich „nicht anstrengen müssen, auf gar keinen Fall" (S. 142). Nur in seinen Träumen gibt es eine Welt, in der er seinen Platz und seine Identität gefunden hat, in der Deutschland, die „große Maschine, die sich selbst baut" (S. 158), unwichtig geworden ist.
Mit diesen Ansätzen liefert *Faserland* Anregungen für die kritische Betrachtung des eigenen Verhaltens und der Gesellschaft, in der man lebt. In diesem Sinne kann man mit Moritz Baßler „nur ‚frei von Hochmut' (Adorno) nachdrücklich für die Wahrnehmung der Komplexität plädieren, die der Popkultur und ihren Erzeugnissen eigen ist. Es ist die Komplexität unserer Welt, und sie bedeutet eine methodische Herausforderung für soziologische und philologische Ansätze gleichermaßen."[43]

Der Zeitbezug wird in *Faserland* u. a. durch die folgenden konkreten Hinweise hergestellt:

- politische Ereignisse, Hausbesetzung in der Hamburger Hafenstraße (vgl. S. 39), Bedrohung von Touristen (vgl. S. 124 f.)
- Mode: Hotpants, abgeschnittene Jeans über Strumpfhosen, Bustiers (vgl. S. 40); Künstler mit Cordoverall, Turnschuhen und Arbeiterkappe (vgl. S. 74); Kleidung des Taxifahrers (vgl. S. 38) u. a.

43 Baßler, *Das Zeitalter der neuen Literatur*, S. 198.

- Medien und Fernsehen: Zeitschriften wie *Tempo, Wiener*; Sender wie RTL, TV-Serien wie *Timm Thaler* (vgl. S. 41, 46, 92)
- Musikrichtungen wie Techno oder Acid-Jazz (vgl. S. 38)
- Partydrogen (vgl. S. 43 ff.)
- sexuelle Freizügigkeit, Normen (vgl. S. 51 f., 105)
- Werbung (vgl. S. 53)
- Gesprächsthemen: Grüne, Umweltschutz etc. (vgl. S. 76)
- Prominente wie der Trendforscher Matthias Horx (vgl. S. 86) oder der Schriftsteller Maxim Biller (vgl. S. 118)
- Stadtbild: Pizza Hut, Sportartikelläden, Fußgängerzone (vgl. S. 88)
- BAföG (vgl. S. 89)
- Erlebnishotels (vgl. S. 90)
- Teenagerzeitung *Bravo* (vgl. S. 92)
- Techno-Szene (vgl. S. 111 f.)

3. Themen und Aufgaben

Die Lösungstipps beziehen sich auf die Kapitel der vorliegenden Erläuterung.

1. Thema: *Faserland*	Textgrundlage im Roman	Lösungshilfe
▶ Assoziieren Sie, was Ihnen zum Titel *Faserland* einfällt.		
▶ Sammeln Sie Textstellen, in denen das Heimatland des Protagonisten dargestellt wird. Verknüpfen Sie Interpretationen des Titels mit Themen und Aussagen des Romans.	S. 88, 96 f, 100 f., 158 f.	Kapitel 2.4 Kapitel 2.7
▶ Stellen Sie fest, in welcher Hinsicht die Schweiz als Alternative dargestellt wird.	S. 152, 154, 156	
▶ Vergleichen Sie die Darstellung des Erzählers mit Ihrer persönlichen Sichtweise Deutschlands.		

2. Thema: Familie, Glück	Textgrundlage im Roman	Lösungshilfe
▶ Stellen Sie in der Gruppe Definitionen von Glück bzw. glücklichem Familienleben zusammen.		

▶ Erläutern und kommentieren Sie die Vorstellungen des Erzählers vom Familienglück vor dem Hintergrund der dargestellten Familiensituationen	S. 59, 158 S. 157 f., 126 ff., 92 f.	Kapitel 2.4 Kapitel 2.5 Kapitel 2.7
▶ Fertigen Sie eine Collage zu diesem Thema.		

3. Thema: Reisen (Suche, Erkenntnis, Flucht)	**Textgrundlage im Roman**	**Lösungshilfe**
▶ Stellen Sie die Reiseroute aus *Faserland* zusammen.	Gesamttext	Kapitel 2.2
▶ Ordnen Sie den Orten prägende Erfahrungen des Protagonisten zu.		
▶ Überlegen Sie, in welcher Hinsicht Reisen zur Reifung des Menschen beitragen kann und ob dies im Roman geschieht.		
▶ Vergleichen Sie die Romanaussage mit der Aussage in Benns Gedicht *Reisen*.		Kapitel 5

4. Thema: Sehen / Spiegel	**Textgrundlage im Roman**	**Lösungshilfe**
▶ Entwerfen Sie in Form eines Netzwerkes eine Übersicht zum Kernbegriff Sehen.		Kapitel 2.6

▶ Visualisieren Sie eine Textpassage, und erläutern Sie das Kennzeichnende dieser Szene.	S. 132 f.	Kapitel 2.7

5. Thema: Beziehungsunfähigkeit	**Textgrundlage im Roman**	**Lösungshilfe**
▶ Erstellen Sie ein Charakterporträt des Protagonisten im Hinblick auf seine Beziehungen zu anderen Menschen.	Gesamttext	Kapitel 2.2 Kapitel 2.4
▶ Stellen Sie fest, welche Hinweise der Text zur Begründung seiner Beziehungsunfähigkeit gibt.		Kapitel 2.6 Kapitel 2.7
▶ Diskutieren Sie, in welcher Hinsicht die Beziehungsunfähigkeit der Romanfiguren mitmenschliche Probleme der Gegenwart abbildet.		

6. Thema: Popliteratur	**Textgrundlage im Roman**	**Lösungshilfe**
▶ Ordnen Sie den Roman Krachts in den literaturgeschichtlichen Zusammenhang ein.	Gesamttext	Kapitel 1.2

▶ Finden Sie weitere Beispiele von Popliteratur, und entnehmen Sie ihnen charakteristische Textstellen.		Kapitel 2.7
▶ Diskutieren Sie den Nutzen der Auseinandersetzung mit dieser Textart.		Vorwort Kapitel 4

7. Thema: Erlebnisgesellschaft	Textgrundlage im Roman	Lösungshilfe
„Krachts (...) Erzähler besetz(t) eine Perspektive, die konsequent aus der Vorstellungswelt heutiger Jugend- und Alltagskultur beschreibt. Es sind die Leitmotive einer simplifiziert dargestellten Erlebnisgesellschaft, die hier begegnen: Urlaub machen, Alkohol konsumieren, Geldausgeben, politisches Desinteresse, Melancholie und Reflexionsmüdigkeit.“[44]		Kapitel 2.7.1 Kapitel 2.7.2
Aufgaben:		
▶ Entwerfen Sie einen Fragebogen zu diesen Stichworten und machen Sie eine Umfrage unter möglichst vielen Jugendlichen Ihres Bekanntenkreises.		
▶ Stellen Sie eine Collage aus Werbeanzeigen zu den gleichen Stichpunkten her.		

44 Wilczek, S. 218.

► Stellen Sie ein entsprechendes Netzwerk zu Krachts Protagonisten her. ► Diskutieren Sie mit Gleichaltrigen auf der Grundlage der gesammelten Daten und des Romans, inwieweit die hier gezeichnete „Erlebnisgesellschaft" den tatsächlichen Gegebenheiten entspricht.	Kapitel 2.4

4. Rezeptionsgeschichte

Florian Illies, Journalist und Buchautor, feierte in seinem Buch *Generation Golf* (2000) Krachts Roman als **Ausdruck seiner Generation**:

> *„Der Snobismus unserer Generation wurde aber relativ lange unter den Teppich gekehrt, wahrscheinlich auch, weil es an Identifikationsfiguren fehlte. Ende der achtziger Jahre erschien in Amerika der Roman* American Psycho *von Bret Easton Ellis, der uns weniger wegen der blutrünstigen Gewaltfantasien interessierte als wegen der Dokumentation des Markenfetischismus unserer Generation. Jede Socke einer handelnden Person wurde einer bestimmten Firma zugewiesen und seltsames Verhalten sofort auf die unpassende Krawatte zurückgeführt. Damals war es aber noch nicht so weit wie 1999, als Harald Schmidt im Wiener Burgtheater Auszüge aus Bret Easton Ellis vorlas – hätte er es damals gemacht, hätte man das noch in hundert Jahren als Gründungsveranstaltung unserer Generation feiern können. Weil es aber eben noch zehn Jahre dauern sollte, kam glücklicherweise vorher Christian Kracht. / Im Jahre 1995 erschien sein Roman* Faserland. *Zum einen war das ein wunderbares Buch, in dem Kracht Bret Easton Ellis' Markenkompendium kongenial auf die deutsche Produktwelt übertrug. Zum anderen aber las man hier erstmals von einem Sohn aus sehr gutem Haus und von seinen dekadenten Reisen zwischen Sylt und dem Bodensee, (...) und die Ernsthaftigkeit, mit der Kracht Markenprodukte einführte und als Fundament des Lebens Anfang der neunziger Jahre vor Augen führte, wirkte befreiend."*[45]

45 Illies, S. 154.

Moritz Baßler beurteilt in seinem Resümee über die Popliteratur der 90er Jahre den Roman als **Wendepunkt**:

> „*In der Tat markiert das Erscheinen von Krachts Debüt* Faserland *(1995) die Wende in der hier skizzierten Geschichte des Verhältnisses von Literatur und Pop in Deutschland. Wie Easton Ellis legt Kracht seinen Ich-Erzähler als sprachlich und menschlich defizitäre Figur an, als reichen Schnösel, der gelangweilt bis angeekelt durch die Marken- und Partykultur Westdeutschlands taumelt. Dennoch verdankt sich die unmittelbare Initialwirkung des Romans merkwürdigerweise einer weitgehend ungebrochenen (also unter hermeneutischen Gesichtspunkten: falschen) Lektüre.* Faserland *spaltete sofort bei Erscheinen die literarische Szene: Befreiend wirkte auf die einen ‚die Ernsthaftigkeit, mit der Kracht Markenprodukte' – vor allem die Barbourjacke – ‚einführte und als Fundamente des Lebens Anfang der neunziger Jahre vor Augen führte' (Illies), andere, wie Matthias Politycki, stellten angesichts der wenig verdichteten Rede des Ich-Erzählers die Frage, ‚was ein vollgeschwalltes Stück Papier von einem literarischen Text unterscheide'. Den von diesem Roman gemeinsam mit Nick Hornbys* High Fidelity *(ebenfalls 1995) ausgelösten Boom der Popliteratur hatte jedenfalls niemand vorhergesehen.*"[46]

Reinhard Wilczek empfiehlt den Roman als Beispiel zeitgenössischer und moderner **Literatur für den Deutschunterricht:**

> „*Christian Krachts 1995 veröffentlichter Roman* Faserland *könnte das Werther-Erlebnis dieser Generation sein. Der Prosatext schildert die Irrfahrt eines reichen jungen Mannes, der in einer grünen Barbourjacke und im Zustand zunehmender*

46 Baßler, *Das Zeitalter der neuen Literatur*, S. 193.

Betrunkenheit vom äußersten Norden Deutschlands bis zum Bodensee reist; zwischendrin macht der Wohlstandsflüchtling Zwischenstation in teueren Nobelherbergen, Szenekneipen und -diskotheken und besucht seine nicht minder haltlosen Freunde; ein Getriebener, der etwas sucht, aber nicht erkennt, dass es jenseits von Reichtum, Luxus und Schönheit Werte gibt, die man nicht für Geld kaufen kann: Liebe, Geborgenheit und Fürsorge. Die Reflexionen des klassischen Werthers über Literatur, Liebe und Natur werden bei Kracht aufgelöst in Mode- und Konsumdiskurse, Beschreibungen von Orgien und Erörterungen über die Vor- und Nachteile verschiedener Markenartikel. Den Endpunkt dieser seltsamen Reise, die mehr an eine Flucht erinnert, bildet eine einsame Kahnfahrt auf dem Bodensee, die der Protagonist am Ende seiner Fahrt unternimmt. Das Thema des Suizids wird zwar vom Erzähler angedeutet, aber nicht zu Ende gedacht."[47]

47 Wilczek, S. 217.

5. Materialien

1) Auswahlliste von im Roman genannten Marken/Namen:

Markennamen			
Jever	S. 13	Cartier-Uhr	S. 58
S-Klasse-Mercedes	S. 14	Werber-Brille	S. 64
Ralph-Lauren-Hemden	S. 18	Notizblock von Tiffany Swatch-Uhren	S. 66
Cartier-Uhren	S. 21	S-Klasse-Mercedes	S. 68
Hermes-Halstuch	S. 22	Grünofant Berry	S. 79
Ilbesheimer Herrlich (Wein) Meggle-Butter	S. 25	Christinen-Brunnen Spa, Ramlösa (Mineralwasser)	S. 85
Kiton-Jackett	S. 26	Armani-Sakkos Chianti	S. 86
Doc Martens (Schuhe)	S. 31	Pizza Hut	S. 88
Esso Ariel Ultra Milka	S. 32	Ado-Gardinen	S. 94
Fair-Isle-Pullover	S. 36	Brooks Brothers, Ralph Lauren (Hemden)	S. 95
Hanuta	S. 37	Fiat Uno Doc Martens (Schuhe)	S. 124
Mephisto-Schuhe	S. 38	Jack Daniel's (Whiskey)	S. 125
Overstolz	S. 39	Earl Grey (Tee)	S. 126
Prosecco	S. 41	Lindt-Schokoladenfabrik	S. 160
Baseballkappe von Stüssy	S. 42		
Ballisto	S. 55		
Ehrmann-Joghurt	S. 56		

Musik

Filme

2) Gottfried Benn: *Reisen*

Gottfried Benn (1886–1956) war Arzt und gilt als einer der größten deutschen Lyriker. In der Zeit des Expressionismus hat er bewusst mit den Konventionen des schönen Scheins in der Lyrik gebrochen, indem er einen nüchternen, sozialkritischen und provozierenden Ton anschlug und medizinischen Fachjargon in seine Gedichte einfließen ließ. Die während der NS-Zeit entstandenen *Statischen Gedichte* nehmen den Gedanken der Entwicklung (Statik = „Entwicklungsfremdheit") in den Blick. Im Spätwerk beschäftigte sich Benn als Realist mit Erfahrungen und Bewusstseinszuständen von Menschen, die in Großstädten leben. In *Nur noch flüchtig alles* (1951) heißt es: „Nur noch flüchtig alles/ Neuralgien morgens,/ Halluzinationen abends/ angelehnt an Trunk und Zigaretten". Das Gedicht *Reisen* enthält übereinstimmend mit dem Roman *Faserland* die Aussage, dass Reisen nicht zur Selbstfindung und inneren Erfüllung führen kann, wenn Äußerlichkeiten und Flucht vor sich selbst das Unterwegssein motivieren.

Reisen

Meinen Sie, Zürich zum Beispiel
sei eine tiefere Stadt,
wo man Wunder und Weihen
immer als Inhalt hat?

Meinen Sie, aus Habana,
weiß und hibiskusrot,
bräche ein ewiges Manna
für Ihre Wüstennot?

Bahnhofstraßen und Rueen,
Boulevards, Lidos, Laan –
selbst auf den Fifth Avenuen
fällt Sie die Leere an –

Ach, vergeblich das Fahren!
Spät erst erfahren Sie sich:
bleiben und stille bewahren
das sich umgrenzende Ich.[48]

48 Benn, S. 123.

3) Florian Illies: Die *Generation Golf* und Auschwitz

Der Ich-Erzähler von Krachts Roman zeigt bei seiner Reise durch Deutschland eine auffällige Fixierung auf die NS-Zeit. Auf den ersten Blick steht dies im Gegensatz zu dem Umstand, dass der jüngeren Generation und zumal den Autoren der Pop-Literatur häufig ein Desinteresse an Politik und der deutschen Vergangenheit vorgeworfen wird. Ein provokantes Zitat aus Florian Illies' *Generation Golf* bietet eine mögliche Erklärung für den einseitigen Blick des Erzählers:

Das Verhältnis unserer Generation zur Geschichte allgemein und zum Holocaust ist dermaßen romanherzoghaft unverkrampft, dass Kritiker dahinter Geschichtsvergessenheit vermuten, Ignoranz und Schlimmeres. Doch es ist eben das Problem der Generation der Gemeinschaftskundelehrer, dass sie bereits in der leidenschaftslosen Haltung, die die Generation Golf zur Geschichte einnimmt, Gefahren wittern, weil sie die Aufarbeitung der Vergangenheit noch mit so viel Leidenschaft gegen das Schweigen und den Widerstand ihrer Eltern durchsetzen mussten. (…) In dieser Kritik übersehen die Kritiker jedoch, dass wir das Thema Nationalsozialismus zwischen dem dritten und dreizehnten Schuljahr mindestens achtmal auf dem Lehrplan stehen hatten. (…) Wir haben also bei Geschichte immer die Schattenseite gleich mitgedacht, haben Weimar immer von besorgten Lehrern in einem Atemzug als Stadt der Dichter und Denker und als Stadt der Richter und Henker kennen gelernt. Das Wissen um die Grauen des Nationalsozialismus ist mit solchem Nachdruck in das Hirn eines jeden Mitgliedes der Generation Golf implantiert worden, dass wir bis heute eher die acht Gründe aufzählen können, die zum Ende der Weimarer Republik führten, als die Zehn Gebote.[49]

49 Illies, S. 174 f.

Literatur

Primärliteratur:

Benn, Gottfried: *Gedichte. Auswahl und Nachwort von Christoph Perels.* Stuttgart: Reclam, 1997.

Bessing, Joachim (Hrsg.): *Tristesse Royale. Das popkulturelle Quintett mit Joachim Bessing, Christian Kracht, Eckhart Nickel, Alexander v. Schönburg und Benjamin v. Stuckrad-Barre.* München: Ullstein, 3. Aufl. 2005.
(Fünf Popliteraten treffen sich im Berliner Hotel „Adlon" zu einem Gespräch.)

Illies, Florian: *Generation Golf. Eine Inspektion.* Frankfurt am Main: Fischer Taschenbuch Verlag, 10. Aufl. 2003.
(Bestandsaufnahme jener Generation, die ihre Jugend in der achtziger Jahren erlebte.)

Kracht, Christian: *Faserland. Roman.* München: dtv, 2007.
(Nach dieser Ausgabe in der dtv-Reihe „AutorenBibliothek" wird zitiert.)

Kracht, Christian: *Mesopotamia. Ein Avant-Pop-Reader.* München: dtv, 2001.
(Von Kracht herausgegebene Anthologie mit Kurzgeschichten bekannter Autoren und Popliteraten.)

Kracht, Christian: *Der gelbe Bleistift. Ungekürzte Ausgabe.* München: dtv, 4. Aufl. 2005.

Kracht, Christian: *1979. Roman.* München: dtv, 2. Aufl. 2004.

Kracht, Christian; Nickel, Eckhart: *Ferien für immer. Die angenehmsten Orte der Welt.* München: dtv, 3. Aufl. 2001.

Kracht, Christian; Munz, Eva; Nikol, Lukas: *Die totale Erinnerung. Kim Jong Ils Nordkorea.* Berlin: Rogner und Bernhardt bei Zweitausendeins, 2006.

Kracht, Christian; Niermann, Ingo: *Metan.* Berlin: Rogner und Bernhardt bei Zweitausendeins, 2007.

Sekundärliteratur

Arnet, Daniel: *Kim Jong Kracht.* In: Facts, 21. 9. 2006, S. 74.
Baßler, Moritz: *Christian Kracht.* In: Thomas Kraft (Hrsg.): Lexikon der deutschsprachigen Gegenwartsliteratur seit 1945, Bd. II. München: Nymphenburger, 2003, S. 725–726.
Baßler, Moritz: *Der deutsche Pop-Roman. Die neuen Archivisten.* München: C. H. Beck, 2. Aufl. 2005.
Baßler, Moritz: *„Das Zeitalter der neuen Literatur". Popkultur als literarisches Paradigma.* In: Corina Caduff; Ulrike Vedder (Hrsg.): Chiffre 2000 – Neue Paradigmen der Gegenwartsliteratur. München: Wilhelm Fink, 2005, S. 185–199.
Bekes, Peter (Hrsg.): *Literatur im Unterricht. Texte der Moderne und Postmoderne in der Schule.* Heft 3/2004. Trier: Wissenschaftlicher Verlag Trier, 2004.
Bogdal, Klaus-Michael: *Klimawechsel. Eine kleine Meteorologie der Gegenwartsliteratur.* In: Andreas Erb (Hrsg.): Baustelle Gegenwartsliteratur. Die neunziger Jahre. Obladen, Wiesbaden: Westdeutscher Verlag, 1998, S. 9–31.
Braese, Stephan: *Im Schatten der „gebrannten Kinder". Zur poetischen Reflexion der Vernichtungsverbrechen in der deutschsprachigen Literatur der neunziger Jahre.* In: Corina Caduff; Ulrike Vedder (Hrsg.): Chiffre 2000 – Neue Paradigmen der Gegenwartsliteratur. München: Wilhelm Fink, 2005, S. 81–106.
Döring, Christian (Hrsg.): *Deutschsprachige Gegenwartsliteratur. Wider ihre Verächter.* Frankfurt am Main: Suhrkamp, 1995
Ernst, Thomas: *Popliteratur.* Hamburg: Europäische Verlagsanstalt, 2005.

Gleba, Kerstin; Schumacher, Eckhard (Hrsg.): *Pop seit 1964*. Köln: Kiepenheuer & Witsch, 2007.

Hüetlin, Thomas: *Das Grauen im ICE-Bord-Treff. Über Christian Krachts „Faserland".* In: Der Spiegel, 20. 2. 1995. Auch in: Franz Josef Görtz; Volker Hage; Hubert Winkels (Hrsg.): Deutsche Literatur 1995. Jahresüberblick. Stuttgart: Reclam, 1996, S. 219–214.

Ingendahl, Werner: *Unterhaltung: „Massenmedium" oder „Popkultur"? Gehört so etwas in den Deutschunterricht?* In: Peter Bekes (Hrsg.): Literatur im Unterricht. Heft 1/2004. Trier: Wissenschaftlicher Verlag Trier, 2004, S. 61–82.

Jung, Thomas: *Vom Pop international zu Tristesse Royale. Die Popliteratur zwischen Kommerz und postmoderner Beliebigkeit.* In: Thomas Jung (Hrsg.): Alles nur Pop? Anmerkungen zur populären und Pop-Literatur seit 1990. Frankfurt am Main u. a.: Peter Lang, 2002 (Osloer Beiträge zur Germanistik, Bd. 32), S. 29–54.

Jung, Thomas (Hrsg.): *Alles nur Pop? Anmerkungen zur populären und Pop-Literatur seit 1990*. Frankfurt am Main u. a.: Peter Lang, 2002 (Osloer Beiträge zur Germanistik, Bd. 32).

Kammler, Clemens: *Gegenwartslücken. Anmerkungen zu einem Defizit des Literaturunterrichtes*. In: Andreas Erb (Hrsg.): Baustelle Gegenwartsliteratur. Die neunziger Jahre. Obladen, Wiesbaden: Westdeutscher Verlag, 1998, S. 186–202.

Keupp, Heiner: *Auf dem Weg zur Patchwork-Identität*? In: Verhaltenstherapie und psychosoziale Praxis, Mitteilungen der DGVT, Heft 4/1988, S. 425–438.

Köhler, Andrea; Moritz, Rainer (Hrsg.): *Maulhelden und Königskinder. Zur Debatte über die deutschsprachige Gegenwartsliteratur.* Leipzig: Reclam, 1998.

Kyora, Sabine: *„Helden wie wir". Tendenzen der deutschsprachigen Gegenwartsliteratur.* Oldenburg: Bibliotheks- und Informationssystem der Univ., 2004 (Vorträge – Reden – Berichte / Bibliotheksgesellschaft Oldenburg; 44)

Mansbrügge, Antje: *Junge deutschsprachige Literatur.* Berlin: Cornelsen Scriptor, 2005.

Mietzel, Gerd: *Pädagogische Psychologie des Lernens und Lehrens.* Göttingen u. a.: Hogrefe, 7. korr. Aufl. 2003.

Wilczek, Reinhard: *Faszinierende Schullektüre im Spannungsfeld von Tradition, Adaption und Transformation. Ein praxisorientierter Lösungsvorschlag zur Beilegung des ungelösten Kanonkonflikts in Deutschland.* In: Peter Bekes und Reinhard Wilczek (Hrsg.): Literatur im Unterricht. Texte der Moderne und Postmoderne in der Schule. Heft 3/2003. Trier: Wissenschaftlicher Verlag Trier, 2004, S. 213–221.

Wittstock, Uwe (Hrsg.): *Roman oder Leben. Postmoderne in der deutschen Literatur.* Leipzig: Reclam, 1994.

Wittstock, Uwe: *Leselust. Wie unterhaltsam ist die neue deutsche Literatur? Ein Essay.* München: Luchterhand, 1995.

Links

- http://www.christiankracht.com/ [Stand: März 2007]
  (Aktuelle Webseite des Autors.)
- http://nobelprize.org/nobel_prizes/literature/laureates/1999/lecture-g.html [Stand: März 2007]
  (Nobelpreisrede von Günter Grass 1999.)
- www.literature-map.com/christian+kracht.html [Stand: März 2007]
  (Ein Karte, die anzeigt, was Menschen, die Christian Krachts Bücher mögen, sonst noch lesen.)
- http://de.wikipedia.org/wiki/Christian_Kracht [Stand: März 2007]
  (Ausführlicher Artikel über Kracht in der Internet-Enzyklopädie Wikipedia.)

- http://www.single-dasein.de/kohorten/christian_kracht.htm [Stand: März 2007]
- http://www.single-generation.de/schweiz/christian_kracht_faserland.htm [Stand März 2007]
  (Nützliche Linksammlungen zu Kracht und seinen Roman auf einer Seite, die sich dem Verständnis der „Single-Gesellschaft" widmet.)